映画論叢65

国書刊行会

映画論叢65 もくじ

『ボートの８人娘』のカリン・ハルト

月形龍之介映画生活三十八年記念のオールスター作品『水戸黄門』（佐々木康監督　1957）プログラム

東俳労争議作戦会議。右から浅野光男副委員長、宮崎、竹中労。左端に南部僑一郎

表紙写真：『セロ弾く乙女』広告。レオ・スレザークとハンナ・ヴァーク

扉写真：（上）三上於菟吉原作『炎の空』で笙子に扮する岡田嘉子（『東京日日新聞』昭和２年９月２日付より）
（下）サトウトシキ『悶絶本番　ぶちこむ!!(95)』。脚本・立花信次＝福間健二。女性は上が葉月螢（現：ほたる）、下が南口るみねか

小林喜三郎と山川吉太郎　最終回

帝国キネマ演芸

山川吉太郎のことなど・長瀬撮影所メモリー

冬樹　薫

サブタイトルに、〈小林喜三郎と山川吉太郎〉と書きながら、小林ばっかり出ていた。が、いよいよ、〈山川吉太郎〉登場、登場。

1

1912年（明治45年）大阪ミナミの火災で千日前あたりが、焼け野原になった。

そこで、大阪の興行師山川は、娯楽センター「楽天地」を建設。そこのキネマ館にかける映画製作のために、小林と〈天然色活動写真株式会社〉（天活）を立ち上げ、山川は大阪支社長になった。1919年（大正8年）、天活は解体。山川は国際活映（国活）に行かないで、1920年（大正9年）5月、天活を改組。北浜の相場師・松井伊助と共に、「帝国キネマ演芸株式会社」（略称帝キネ）を大阪市南区に設立した。

大正12年（1923年）9月1日―関東大震災。マグニチュード7・9。死者10万、負傷者10万、行方不明4万という大惨事。浅草公園の十二階は、途中より崩壊。活動写真館も焼失など、稼ぐ方便を失った。そこで、活動写真関係の会社は、関西に移る。帝キネは、撮影所を小坂と芦屋に設けて、製作を開始した。小坂は現在の東大阪市、面積約2000平方メートル。芦屋は、1923年開所。一説には事務所だけで、スタジオは小

伊藤大輔監督

帝国キネマ演芸株式会社長瀬撮影所　全景

坂を使用したようだった。芦屋は、監督松本英一、若山治、中川紫郎。小坂は、長尾史録。後になると、伊藤大輔、古海卓二、山本嘉次郎などの顔も見えるようになる。『酒中日記』（１９２４年）は、伊藤大輔の監督第一作。20代のころ、監督昇進前は他監督作のシナリオを多作。のち〈移動大好き〉の巨匠伊藤大輔の風を吹かせた。

関東では、東京巣鴨にスタジオを開設。後年、河合、大都のスタジオとなった。

2

以下、小坂と芦屋の一部作品を挙げよう。

『酒中日記』１９２４芦屋　監督伊藤大輔　松本泰輔　歌川八重子

『恋のマラソン』１９２４芦屋　監督若山治　五味国男

『慈しの雨』１９２４芦屋　監督松本英一　歌川八重子

『籠の鳥』１９２４年芦屋　監督松本英一　澤蘭子（宝塚出身）歌川八重子

〈籠の鳥〉千野かほる　松本英一作詞　鳥取春陽作曲

逢いたさ見たさに怖さを忘れ暗い夜道をただ一人

『果報者』1924芦屋　監督深川ひさし　里見明
『熱血を潜めて』1924芦屋　監督伊藤大輔　歌川八重子　澤蘭子
『疾風迅雷』1925小坂　監督長尾史録　市川百々之助
『心の唄』1926芦屋　監督大森勝　歌川八重子
『心中女人堂』1927芦屋　監督山下秀一　久野あかね
『親を呼ぶ鳥』1928芦屋　監督亀井清一　松本泰輔　歌川八重子
『朝香三四郎』1928芦屋　監督山下秀一　嵐璃徳　千草香子

帝国キネマ社長・山川吉太郎

3

昭和40年代、私が宝塚歌劇にはまっていた頃。関西の宝塚歌劇に出向いて、麻実れいに夢中だった。その日は休演。

それでは、何処へと出かけたのか。〈長瀬〉だった。近鉄大阪線で上本町から長瀬駅に降りたった。駅前の踏切を渡ると、眼前に澄んだ小川が道の右側を寄り添うように流れていた。今は静かな住宅街。樟蔭学園の樟徳館が建てられている。

澤蘭子の悲恋物『籠の鳥』で大当たりして、莫大な興行収入を得た帝キネは、小坂と芦屋の小撮影所で何かと不便を託っていた。そんなことの解消と、更なる社業の飛躍を目指して、現在の長瀬駅近く長瀬川河畔敷地に撮影所を建設する。

大正12年9月1日　関東大震災。

大地震のため、松竹蒲田撮影所の大半は京都下加茂に移る。ついで、日活向島撮影所も京都大将軍に移った。

京都の活動写真界は、まさに大活況。伊藤大輔・大河内伝次郎のコンビによる『忠治旅日記』。林長二郎（長谷川一夫）デビュー作『稚児の剣法』。『角兵衛獅子』、嵐

楠山律監督『スペードの女王』。松本泰輔と八島京子

寛寿郎の鞍馬天狗。マキノ正博監督の『浪人街』などなど。
振り返って、帝キネの現状はというと、『籠の鳥』は

山下秀一監督『朝香三四郎』。中央に主演の嵐珏藏

帝キネの誇り

若き才人鈴木重吉(監督)と氣鋭の塚越成治(技師)と可憐に美しき高津慶子(女優)とのコンビネーションは正に帝キネの誇りである。監督の鋭敏な感覺を、シックリと受止め得る塚越、高津兩人ある限りは、永劫にこの三人の誇るべき結合は帝キネに言ひ知れぬ力強さと清涼味とを與へるに違ひない。

【寫眞】(上)塚越成治技師(左上)鈴木重吉監督(左)このコンビネーションが今年に入つて發表、忽ち斯界をデングリ返らせた「何が彼女をさうさせたか」の高津慶子

『何が彼女をそうさせたか』雑誌記事。左から鈴木重吉監督、主演の高津慶子、撮影・塚越成治

大当たりしたというものの、芦屋と小坂の貧弱な撮影所からの作品は、限られていた。そこで山川吉太郎が目をつけたのは、当時開場したばかりの大軌（現近鉄）長瀬駅近く。長瀬川河畔の敷地面積約3万平方メートル。3000平方メートルの巨大なかまぼこ型のステージ2棟。〈東洋一の夢の工場〉の出現であった。

そして、東洋一の撮影所にあったスタッフ、スターの引抜きに走った。

時代劇　（監督）森本登良男　長尾史録　渡辺新太郎
（俳優）市川百々之助　嵐璃徳　尾上紋十郎
現代劇　（監督）鈴木重吉　松本英一　曾根純三　豊田四郎　木村恵吾　（俳優）松本泰輔　里見明　藤間林太郎　歌川八重子　澤蘭子　高津慶子

この顔ぶれの中で、宝塚歌劇からの高津慶子主演『何が彼女をそうさせたか』は、『籠の鳥』以上の大ヒットとなった。

4

1930年（昭和5年）9月30日。

この日が何か、ご存知でしょうか？　その日の夜は蒸

し暑かった。暗い夜空が赤く染めていた。撮影所の方角であった。

東洋一の撮影所が燃えている。燃え尽くされて、何もない、可燃性のフィルムの山があったのだから、たまったものではない。結局、原因不明となって、東洋一のゴミの山が遺されていた。夢の工場の断末魔だった。

以下、永瀬の一部作品を挙げよう。

「戀のジャズ」(下圓)
鈴木重吉監督
高津慶子・八島京子主演

とんと踏んでみたら
とんと踏んでみたら
あのひと來た來た
つい踊り出す

鈴木重吉監督『恋のジャズ』主題歌

渡辺新太郎監督

『神州』1928　監督渡邊新太郎　松本田三郎
『大親分』1929　監督大森勝　藤間林太郎
『鍋島怪猫伝』1929　監督長尾史録　実川延松
『何が彼女をそうさせたか』1930　監督鈴木重吉　高津慶子
『女人群像』1930　監督松本英一　鈴木澄子
『時代の反抗児』1930　監督志波西果　団徳麿　山路ふみ子

★

〈シリーズ　小林喜三郎と山川吉太郎〉長らく、ご愛読ありがとうございました。

なお、晩年の曾根純三（千晴）、大森勝両先生には、親しくご指導頂きました。

（ふゆき・かおる）

珍品ショウケース⑯

『白いトナカイ』

ダーティ工藤

Valkoinen peura（フィランド語原題）/The White Reindeer（米語原題）
製作＝アーン・タルカス　脚本＝ミルジャミ・クオスマネン　脚本・撮影・監督・編集＝エリック・ブロンバーグ　音楽＝アイナー・イングランド
出演＝ミルジャミ・クオスマネン、カレルヴォ・ニッシラ、オーケ・リンドマン、ツァルク＝ニラ、ジュニ・タピオラ、タイン・ハーラ、エドヴィン・カジャンヌ、カウコ・ラウリカイネン、ヘイモ・レビスト、オスモ・オスヴァ、アーネ・タルカス、インケ・タルカス、エヴァレド・テルホ
（52・フィンランド＊ジュニア・フィルム＝アダムス・フィルム、スオミ・フィルム）モノクロ・スタンダードサイズ（1・37：1）68分

フィンランドのラップランドが舞台。快活な若い女性ピリタ（ミルジャミ・クオスマネン）はトナカイ飼いの青年アスラック（カレルヴォ・ニッシラ）と知り合い、直ぐに意気投合して結婚する。アスラックはトナカイの群を運ぶ仕事（＊アメリカのカウボーイのような仕事）で、新婚とはいえ家を空ける期間が長かった。その間、若いピリタは欲情が抑えられずに、地元のシャーマン（ツァルク＝ニラ）の元へ相談しに行く。占うとシャーマンは、彼女が生粋の魔女である、と断言する。（＊この占いは太鼓の革に絵を書き、その上に破片を置くとコックリさんのように動き、彼女が生粋の魔女だ、と判明すると太鼓の革が破れてしまう。）

そこからピリタは呪われた白いトナカイに変身するようになる。猟師が捕まえようと近づくと突然ピリタに戻る。当惑した猟師に牙の生えたピリタが噛みつく。直接描写がないため血を吸われたかどうかは不明だが、猟師は死亡する。また狼男のように満月に白いトナカイに変身して、新たな犠牲者がでる。アスラックをはじめとする村の男たちは、この呪われた白いトナカイを殺すべく槍先の精錬を日夜行う。それを見たピリタは恐怖に苛まれて、シャーマンの元へ行くが彼は既に死んでいた。ピリタは再び白いトナカイに変身し、アスラックが雪原へ追い詰め、遂に槍で突き刺して殺す。白いトナカイはピリタの姿に戻り、アスラックはその骸を抱いて嘆くのだった……。

ラップランドの民話とシャーマニズムに材を取り、監督のエリック・ブロンバーグと主演女優のミルジャミ・クオスマネンが共同で脚本を書き上げた。白いトナカイに変身する前、人間の姿でいる前後に、吸血鬼や狼男的な要素を盛り込んでいるのが面白い。ただ、当時のフィンランド映画界の規制なのか、惨殺される描写が全くないので、どうしてもインパクトが弱くなっていることは否めない。また白いトナカイに変身する過程がほぼ省略されているので、もうひと工夫欲しいところであった。ただTV「ローハイド」の

如く、多数の牛ならぬトナカイを移動させるシーンや、投げ縄でトナカイを縛り上げるなど、ほぼ西部劇と言っていい雰囲気があるのは面白い。雪に覆われたラップランドの荒涼たる雪景色が、アメリカ西部の大地とオーバーラップしてくる。

本作はフィンランド映画としては史上初めて、56年度ゴールデングローブ賞で外国映画賞を受賞しており、フィンランド映画が、海外で注目されるきっかけを作った、日本で言うところの『羅生門』（52年・黒澤明）に位置する作品と言える重要作である。因みにこの年の外国映画賞は他に5本あった。日本の『太陽とバラ』（56年・木下恵介）、ギリシャの『黒い少女』（56年・マイケル・カコヤニス）、西独の『夜明け前』（56年・ゴドフリート・ラインハルト）、そして『戦争と平和』（56年・キング・ヴィダー）（＊パラマウントと合作だが、ディノ・デ・ラウレンティス製作ゆえイタリア映画扱いだったと思われる）である。

『白いトナカイ』のミルジャミ・クオスマネン

２０１７年にアキ・カウリスマキの新作『希望のかなたに』（17年）公開に合わせて、公開劇場ユーロスペースで開催された〝アキ・カウリスマキが愛するフィンランド映画〟と題した過去のフィンランド映画6本が1週間限定で公開され本作もその1本であったが、客は全然入っていなかったので観た人はほとんどいないのではないだろうか。調べたら81年のフィルムセンター（現国立アーカイブ）の〝フィンランド映画の史的展望〟でも、1回だけ上映していた模様。

監督のエリック・ブロンバーグ（１９１３〜１９９６）はヘルシンキ生まれ。キャメラマンとして出発し、40年に29歳で戦死したフィンランドの伝説的監督ニルキ・タピオヴァラ（＊5本の長編のみを残したフィンランドの山中貞雄とも言うべき存在）の撮影も勤めた。戦後は監督業にも手を染め、47年よりドキュメンタリーを含めて19本の作品を残している。

複雑なヒロインを熱演したミルジャミ・クオスマネン（１９１５〜１９６３）はケウルウ生まれ。37年に女優デビューし、生涯で24本の映画に出演した。39年にブロンバーグと結婚し、以来夫唱婦随の名コンビとしてコラボレーションして来た。彼女は脚本も書けたので、夫の作品を中心に脚本家としても活躍した才媛だったが、63年に48歳の若さで急逝してしまった。

（だーてぃ・くどう）

東映大部屋役者の回想
一寸の虫Ⅲ 最終回
亀山達也、ふたたび！

五野上力

「大谷石」情景

本邦屈指の「大谷石」砕石場。そこが、今日の撮影現場だ。総勢男達20人、その日の絡身（からみ）の面々だ。高倉健中心に敵味方双方の斗かいが始まった。

先ず、川巾10米あまりの側道を抜刀した男達が走る。高倉健の気合、男達の怒号が飛び交う。突掛ける刀尖をはね上げられた無名俳優の俺が、反動で膝を連なる石垣に強打して倒れ込む。しかし誰も振り向かない。NGの声が掛らない以上、殺陣師の眼はあくまでOKなのだ。

☆

フィルム・チェンジが入り、昼食。第一現場を引き揚げて来る拳友会の一員が声を上げた。「おい、犬だぞ」。縦横20米・深さ25米程の採掘跡の底に一匹の犬が居るのだ。誤って落ちたらしい。弱っている。「助けよう」。

後ろから覗き込んだ高倉健、「石切場へ行って、網借りて来てくれ」。言い乍ら面々の顔を見渡す。亀山達也と眼が合った。「亀、頼む。お前入って呉れ」。斯うして救出作戦が始められた。網一本の救出劇だ。

健サンは、黙々として直径30ミリの網を細工。犬の頭と前肢二本を輪の中に入れ、背中から両肢の脇の下を縛り、動けば動く程喰い込む方法を取った。要は上手く仕掛けられるか?である。

兎に角、腰をギリギリ巻きにした亀チャンは深い穴の底へと下りて行った。地底は所々水溜りが出来ている。

五野上力

地上の支え手は拳友会の面々にスタッフが加わって綱引き状態になった。踏ン張る足許に何もないのだ。下手すりゃズルズルと引っ張り込まれる。余程力を合わせないとマヅイ。

肝心の亀山達也は何度か失敗していた。犬が警戒して近付かないのだ。おびき寄せ漸く健サンの方法が図に当った。片肌脱いでその網を腕に巻きつけた亀チャンは勢い込んで引き揚げの合図を送った。♪ソレ引けヨイサ！ ヤレ引けヨイサ！ 亀チャンの為ならソレ引けヨイサ！ 穴の淵へ到達した亀山達也は犬の尻尾をしっかり握りしめていた。「亀！」。健さん、例のニッと笑顔を見せると「ナイス！」と一言、「イヤァ、ちびりそうになりました」（笑）と亀チャン。因みに犬は赤犬。

「第二の鶴田浩二」の横顔を探せ

或る時の東撮宣伝課でイベントをやった事があった。なんの映画に関連してるかは忘れたが、「鶴田似」の男を探す主旨だった。何処から集まったか、かなり盛況だった。

此処で一寸珍妙な事が起きたのだ。順番に各々自信の横顔を披露して行く会場の片隅に、一人頻りにその横顔をアピールしている男が居た。舟木浩二。鶴田浩二とは二字違いで、形がどうにでもなる整形失敗組の彼は、時々その鼻の形を気にしつつ、それでも此処に俺が居る、というふうに半ば立ち上がる体勢を取り、横顔を審査員の眼に触れさせようと必死になっていた。

確かにその横顔は一瞬鶴田に似ているように思えた。——だが、其処までだった。「俺は鶴田浩二に似ている」。その一念で彼はフリーランサーを生きた。あらゆる感情を突き抜けた縁（えにし）、それを誰が止められよう。

「一寸の虫」法師蟬

早朝ロケで家を出た。ロケ地は大谷石の採石場（切り出し）だ。珍しく大泉近辺は霧が立ち込めている。途中、霧の中から不意に法師蟬の鳴く声がした。自分の出番が来たぞという鳴き方だった。蟬の世界の殿りに出て来るおおとりだ。楽曲の中のセリフに聴こえる。

恐縮だが、此処で一寸蟬談議。蟬の中ではスマートで小型な細身の、まるで墨染めの衣を着た修行僧の様な蟬。その名も法師蟬。カナカナ蟬（蜩）同様透明な羽を持っている。同じく透明羽で大型のミンミン蟬やクマ蟬と比べると体型は半分位しかないがその習性は特別だ。蟬は通常、樹木に対して垂直に止まるのが常だが、何故かクマ蟬は逆様に詰まり地面に頭を向けて止まるし、これは異様で分からない。ミンミン蟬は止まった所から一鳴きすると移動する。まるで天敵の鳥などの目を欺いているみたいだ。蜩は決って樹木の下方の幹に止まる習性を持っている。なので、捉える時は鳴き声の反対側からそっと近寄り手を回して素手で捉える。彼らは蟬取り網などには決して掛からない。法師蟬は初めから全くこれらの蟬とは違うのだ。どんなに網を高く伸ばしても届かないテッペンの梢にしか止まらないからだ。例え天敵に狙われた時でも下方にやって来る事は先ず無い。地下から地表に出て来る羽化前（脱皮）の身にしても何処に穴を開け出るのかすら分からない。普通は抜け殻がある樹木の近辺の地面にまん丸の小さな穴が見つかるから分かるのだが、形跡はおろかその気配がどうしても感じられないのだ。少年期、この法師蟬だけは絶対的に捉える事が出来ない程憧れの特別の存在だった。正に天空の蟬、孤高の法師蟬。無名俳優の耳には何時の頃かその鳴き声が斯う聴こえる様になった。「尽く尽く良うし、尽く尽く良うし、尽く良うし、尽く凜良う、尽く凜良う、通うゥ」——採石場近辺でも法師蟬は頻りに鳴いていた。他の蟬が鳴き絶えても、声が嗄れて弱々しくなっても、未だ鳴き通す法師蟬よ、夏最後の最後まで鳴き尽くせ。

秋風に未だ鳴けるぞと法師蟬

星野椿選・句集「水藻集」銀賞受賞

（因みに「水藻集」主宰星野椿は高濱虚子の孫に当る）

我も亦真実一路

〝真実一路の路なれど真実鈴振り思い出す〟。心頭に念じた「一寸の虫」。これは無名俳優の生き方の指針となった。隠れた真実、見えにくい真実、その為に身ずからを曝すときの勇気…、己れに書く力は無い、と思っていた自分に求められたのは、それだ。己れ自身、五野上力が撮影という現場に実際に立った事以外には無いのだ。それを飾り気なく卆直に語れ。

改めて「一寸の虫」全篇を上げて尽きぬ万謝の御礼を申し上げる。

完

（ごのうえ・りき）

菊之助の新作歌舞伎に思う

廊下は走るな

片山陽一

昨年の3月と4月に、豊洲のＩＨＩステージアラウンド東京で『ファイナルファンタジーＸ』が初演され、11月には歌舞伎座で『極付印度伝 マハーバーラタ戦記』（17年初演）の再演があった。尾上菊之助は、これに『風の谷のナウシカ』（19年初演・22年再演）を加えた三本の新作歌舞伎を続けて手がけている。なぜ彼はかくも壮大な叙事詩的作品ばかり生み出すのか、そこを考えてみたい。

三本に共通する第一の特徴は、とにかく長いという点に尽きる。昼夜二部構成とはいえ、新橋演舞場での『ナウシカ』初演は11時開演、20時40分終演で全七幕ある。『ＦＦＸ』は正午開演、20時55分終演の全八幕で、菊之助の提案により全座席に高弾性ウレタンクッションが設置された。それに比べれば『マハーバーラタ』初演は4時間40分（うち幕間合計50分）の全三幕だからまだマイルドであった。ところでこの耐久感覚は、国立劇場の復活通し狂言というより、『繻子の靴』を一日がかりで観るしんどさに近い。歌舞伎特有のダレ場とか弁当幕のような緩みがなく、近代劇の骨格をしているから大変疲れるのだ。そこで思い出したのが、ギリシア悲劇十作品を繋げた英国の芝居『グリークス』である。日本でも10年おき位に上演されているが、２０００年に蜷川幸雄が演出した時は、正午開演で10時間半（うち休憩合計1時間半）かかった。渋谷のシアターコクーンに、両側から舞台を挟むように客席が組まれ、頭上に大きな振り子が吊ってある。そして、父アガメムノンの仇討ちをするエレクトラとオレステスの姉弟を、寺島しのぶと菊之助の実の姉弟で演じている。これが彼の初めての現代劇体験だった。戦乱の世を舞台に、宿命を背負った主人公が神々や世界の秘密と対峙するという新作三本に共通するテーマの源流の一つは、ここにあるに違いない。

第二の特徴は、題名から明らかなように、日本が舞台ではないという点である。これは二つのことを意味する。一つは、歌舞伎の様式を借りながら日本の精神的な慣習、たとえば忠義や恩といった道徳から自由でいられること。「自由でいられる」とは、都合のいい時だけ使えるということでもある。もう一つは、天皇を頂きとした世界ではないから、敬語の感覚が厳密ではないということ。今日の会社や野球部レベルの敬語で作品が成立するということである。本来《日本語とは、極言すれば〝敬語〟の言語》（江藤淳『閉された言語空間』）であり、歌舞伎が古典たり得るのはこの言語に規定された身体にあるのだから、新作歌舞伎にとってこれは大きな分水嶺といえる。三代目猿之助が口語で作ったスーパー歌舞伎第一作『ヤマトタケル』と比べても、さらに敬語の感覚は崩れてきていると言わざるを得ない。

ではその身体が生み出す日本的な空間とはどのようなものか。それは「廊下」に尽きると考えている。私の場合、いつも思い浮かべるのは箱根小涌園だ。川島雄三の映画『箱根山』にも登場した藤田観光の温泉地で、60年代以降、30万坪の敷地に様々な施設が建てられていった。ホテルがあり、さらに旅館部の本館を建て、別館を建て、植物園の温室を作り、ポリネシア風呂を作り…それら平家か低層の建物を廊下や通路で繋いでゆく。ホテルの隣に大浴場・アダムの湯とイブの湯が新築された時の衝撃は忘れられない。一度ホテルの玄関を出て、屋根だけの廊下と階段を伝って回り込まねばならないのだ。雪が降る晩など寒くて仕方がない。なぜホテルの中から直に行けるよう建てなかったのか。しかし不思議なことに、廊下で感じた四季折々の感興は記憶に鮮明なのである。平面性が齎す否応なしの自然との接触。そこに叙景と叙情があるのではなかろうか。

そう考えれば『奥の細道』から川端の『雪国』、少年マンガの週刊連載、果ては鰻屋のタレに至るまで、日本の文物は大抵継ぎ足しに次ぐ継ぎ足しで出来ている。成長ではなく現状維持を旨とする。『千本桜』の物語は義経を成長させるだろうか。否。移動によって対応すべき状況が変化するだけで、義経の人格は変わらない。『忠臣蔵』を通して由良之助は成長するか。最初から偉人である。日本の物語はビルを上るのではなく、建物から隣の建物へ廊下を移動するだけなのだ。多層構造物は英語でMulti-Story Structuresとなるが、菊之助が目指す新作の叙事詩的性格はまさに垂直的なベクトルを持っていると言えるだろう。それは、水平的ではない、即ち廊下の感覚に乏しいことを意味している。実際『マハーバーラタ』は両花道であったし、『FFX』は客席が360度回転する特殊な劇場で花道を作れない。唯一、通常の花道で公演した『ナウシカ』では、菊之助が着ぐるみのトリウマから花道に転落して左肘を亀裂骨折する大怪我を負った。先に、廊下が齎す自然との接触について述べたが、彼の垂直的な努力は、内なる自然を打ち消してしまっているように思えるのである。

菊之助は非常に努力家だと誰もが感じている。しかしそれを見ていて息苦しくなることがある。昨年7月、大阪松竹座で『京鹿子娘道成寺』を踊った時もそうであった。70分間ずっと懸命に踊り続けるので、下手ではないのに飽きてくる。緩急のなさ、それは息がつけない苦しさであり、観客と空間を共にできていない徴しでもある。

努力するなというと語弊があるが、彼がやっているのは奥の細道でマラソンしているようなものだ。芭蕉はトレーニングや人間形成のために旅をしたのではない。ただ歩き、訪ね、見て、句作した。それだけである。『娘道成寺』でも、型をなぞって、一心に身体で叙景し叙情すれば、自ずと全体を貫く白拍子の怨みや悲しさは立ち現れるようできている。そういう旅のような時間を観客と共に歩んで欲しい。

山中や菊はたおらぬ湯の匂　芭蕉

（かたやま・よういち）

『ボートの8人娘』『セロ弾く乙女』の名匠
エーリッヒ・ヴァシュネック

戸崎英一

エーリッヒ・ヴァシュネック（Erich Waschneck）というと、日本では、戦前『ボートの8人娘』を監督したことで一番よく知られているのではないだろうか。『ボートの8人娘』という題名はよく知られているが、この監督名をすぐに言える人は少ないだろう（日本での戦前の表記はワシュネックになっていることが多い）。

他には、トーキー以降は東和が配給した作品がいくつか思い浮かぶ。ざっと調べてみると、以下の作品が輸入されていたようだ。

豺狼 Brennende Grenze（1927） 1930 未封切
水泳美人国 Die Frau mit dem Weltrekord（1927） 1929.9.28
噂の女性 Skandal in Baden-Baden（1929） 1930 未封切
初戀 Das alte Lied（1930） 1932.6.1
ボートの8人娘 Acht Mädels im Boot（1932） 1934.1.25（大阪）/1934.4.3（東京）
秋の女性 Unmögliche Liebe（1932） 1933.11.23
青春の海 Abel mit der Mundharmonika（1933） 1936.6.25
セロ弾く乙女 Musik im Blut（1934） 1936.4.1
荒天飛行 Gewitterflug zu Claudia（1937） 1942.1.30
さすらひ Streit um den Knaben Jo（1937） 1942.1.14

エーリッヒ・ヴァシュネック

なお、キネマ旬報のデータベース提携と思われるインターネットのサイトには、『バーデン・バーデンの醜聞』という題名が挙がっており1929年公開扱いだが、これは東和が輸入して未封切に終わった『噂の女性』と同じもの。上記リストの邦題は東和の社史による。

戦前8本もの作品が公開されたドイツの監督は、なかなか思いつかない。オーストリアだがヴィリ・フォルスト監督作品がこの程度だろうか。ヨーロッパに対象を拡げたとしても、トーキー以降ほとんどの作品が公開されたデュヴィヴィエを例外とすると、やはりちょっと思いつかない。ジャック・フェデーや、ルネ・クレールがこの程度だろうか。

古いヨーロッパ映画のファンであれば、無声時代の題名には馴染みがないとしても、『秋の女性』以降の作品名は聞いたことがあるだろう。これらの作品は今はなかなか見られない。筆者も現存していることはわかっていた『ボートの8人娘』を、一昨年ようやく見ることができたので、これを機に、ヴァシュネック作品について、少しまとめておこうかと思う。

まず、彼の代表作を挙げてみようと考えてみたのだが、日本公開作品だけで考えるわけに行かない。評伝のようなものも出ていないので、手頃な記述は意外に少ない。そこでまず、ドイツでビデオが発売されているかどうかも参考になるだろうと思い、調べてみたのだが、これが意外に少ない。大手のメーカーから出たものは、以下のようになる。

- Eskapade (1936)
- Die göttliche Jette (1936)
- Die Affäre Roedern (1944)
- Drei Tage Angst (1952)

何れも映画史に出てくるようなタイトルではない。ドイツ映画の専門家でもなければ、おそらく聞いたことがない題名ばかりだろう(Eskapade は、レナーテ・ミューラーの主演なので、この中では一番知られているだろうが)。

この時代のドイツ映画は、今日では特別人気があるというわけではないのだが、普段からこういうことを調べていると、結構意外なものも新たに発売になっているという筆者の印象に反して、ちょっと期待外れ。また、こ

『Der Kleine Muck』。監督自作のポスター

こで注目したいのは、ほとんど日本では知られていないものばかりだということ。前述した日本公開作と一つもかぶっていない。

ただし、初期のころにInter-Pathé-Filmが出していた16mmあたりから作成したと思われるVHS（Video-Archiv Film）には、少なくともRegine（1935）と『セロ弾く乙女』（Musik im Blut）があったはずだ。

また、ドイツ以外では、アメリカのInternational Historic FilmsにはDie Rothschilds（1940）がある。この作品がドイツでは普通に販売できないのは、いまだに禁止されているからに他ならない（戦後禁止されたフィルムは200から300本といわれており、権利を引き継いだムルナウ財団が、この保留中のリストの数を減らし現在は約44本になっているということ）[1]のだが、このDVDを購入しようとする観客層は、ここまでに挙げてきたものとは異なっているだろう。英語圏で知られているというのは知名度の基準にはなるのだが、だからといって、代表作のように考える訳にもゆかない。

これらを数に含めても、日本公開作は1作しかビデオ等で発売されていないわけで、最初に容易には見られないといった理由がお分かりいただけたかと思う。もちろん、あえて明記していなかったが、日本でビデオ等で発売されているものはない。国立フィルムアーカイブ（旧フィルムセンター）にも、外国映画の蒐集状況が近年の

『Mein Freund der Chauffeur』ハンガリー版ポスター

分は一覧になっていないので、情報が不正確かもしれないが、所蔵作品はないと思われる。

そして、もう少し補足しておくと、近年DVDが発売されたのはEskapade のみ。これも、VHSは初期のころしかなかった。Die göttliche JetteがDVD初期のころでVHSも同時に売っていたはず。残りの2つはVHSのみで、現在は容易には見られないだろう。もっとも、Drei Tage Angst（1952）はドイツのテレビではよくかかるようだが。

さて、話を元に戻して、ヴァシュネックについて簡単に紹介してみる。代表作を考えるにあたっ

ては人名辞典程度の記述にいくつか当たるのが都合がよいのだが、なかなか少ない。今回は、Hans-Michael Bock による記述[2]をもとに要約してみる。生没年の月日を補い、既述の一部は省いたが、挙がっている作品名はすべて残した。

エーリッヒ・ヴァシュネック（Erich Waschneck）１８８７年４月29日、ザクソン王国グリマ生。ライプチヒで絵画を学び、ポスターデザイナーとなる。兄のクルト・ヴァシュネックが、ウニオン映画のプロデューサーだったことから、１９２０年に撮影助手となる。最初の単独での撮影作品は、ヴィルヘルム・プラーガーの童話映画 Der kleine Muck（21）。初監督作品は文化映画 Der Kampf um die Scholle（24）、その後、ハンス・アルバースの冒険映画 Mein Freund,der Chauffeur（26）やオルガ・チェーホワの作品をいくつか撮る。Die geheime Macht（27）はニューヨークでヒット。ハンブルクの港を巧みに描いた Die Carmen von St. Pauli（29）、再びチェーホワと Die Liebe der Brüder Rott（29）、魅力的な都会劇 Die Drei um Edith（29）、『噂の女性』（Skandal in Baden-Baden）（29）、トーキーになると独立、ファナル映画のプロデューサーとなる。スタジオから離れた『ボートの８人娘』、『青春の海』はロケーションの美しさが魅力である若者向け映画。前者では、カリン・ハートを現代女性のアイコンとして確立。翌年彼女と結婚。ヒトラー政権後はナチスの施策に沿ったメロドラマ。ブリギッテ・ホルナイの Anna Favetti（38）などだが、Die Rothschilds（40）は反ユダヤ主義の政治的なプロパガンダ映画。Die Affäre Roedern（44）もプロイセンの歴史を描くプロパガンダ作品。戦後は Drei Tage Angst（52）まで作品を作れず、『ボートの８人娘』のリメイク（オランダとの合作）Jenny（58）の監修を最後に引退。１９７０年９月22日 西ベルリン没。

この記述を見ると無声期、ワイマール共和国時代、ヒトラー政権期（前半と後半）、戦後と分けられそうだ。大体においてドイツ映画を語ろうとすればそうなるのだが。無声映画期の作品は、ネガしか残っていないものも含めると、意外に現存しているようだ。ここでは詳しくは述べないが、ここに挙げた中では、Die Carmen von St. Pauli（29）が２００７年にポルデノーネで上映（べルギー王立アーカイブのプリント）されており、２０１８年にはベルリン国際映画祭（Berlinale）で２Ｋ復元のＤＣＰ（ムルナウ財団）で上映されている。ジェニー・ユーゴ、ヴィリ・フリッチュの主演であるし、これが一番見られる可能性が高そうだ。また、意外なところだが『豺狼』（Brennende Grenze）は DeutscheKinemathek 提供のものがオンラインで公開されている。オリジナルのドイツ語版だ。原題は「燃える境界」といった意で、映画を見ればわかるが、ドイツとポーランドの国境のこと（日本では１９３０年に服部商店が輸入した、The Jackals というイギリス公開の英語題のものが、この邦題で紹介までされていたのだが、未封切のままになった）。

これ以降は、制作年度順に、日本公開作と、この記述にある作品を中心に、筆者が見ることができた作品を中心に述べることにする（ただし、日本公開作のうち『水泳美人国』『噂の女性[3]』『初戀』及び『青春の海』は現存が確認できないので今回は触れない）。

『ボートの8人娘』

まず、プリントだが Deutsches Filminstitut（DIF）（現在は Deutsches Filminstitut & Filmmuseum となり DFF と略す）に16㎜があるという情報は以前からあった。長年探していたのだが、なかなか見つからなかったのでカタログだけかと疑っていたところだったのだが、ようやく実際に見ることができた。冒頭のタイトルがスペイン語になっているプリントだが、これしかないのだろう。COLUMBIA PICTURES presenta 8 Chicas En Un Bote（8 Mädels im Boot）となっている。この Columbia はおそらく米コロンビア映画の南米の支社ではないかと思われる。音声はドイツ語なので問題ない。

当時の日本の評はやはりほぼ好評といってよい。共通するのは、まず『制服の処女』との比較。これは前年日本公開の名画としての地位を得ているので、当然理解できるとして、興味深いのはアメリカ映画に言及がある評が多いこと。「キネマ旬報」の岸松雄の評から引用してみる。「「ボートの8人娘」という題名を始めに聞いて、さてそれからボートを漕いでゐる若い娘たちの姿の撮つてゐる一葉のスチィルを見せられた時、僕には僕なりの「ボートの8人娘」が想像できた。ボート・レースか何かが屹度あつて、スピードで人の心を湧き立たせるか、若くはいろんな障碍を蹴飛して8人娘の誰かが英雄的な振舞

『ボートの８人娘』広告

をするか、そんなやうなことを考えてゐたのだ。（中略）けれどアメリカ映畫の麻酔に長いことかかつてゐるうちに、いつとはなしにかうしたことが自然に想像にのぼつて來るやうになつてゐたのであつた。」この文には、当時の状況がよく現われている。筆者もこれがなかなか見られず、またアメリカ、パラマウント版のリメーク８ Girls in a Boat（34）を先に見ていたこともあり、いつの間にか別のものを期待していたのだろう。正直なところ、アメリカ版の方がテンポよくまとまっていると感じた。しかし、改めて見直してみると、この映画はやはり素朴さがよいのだろう。

もう一つ共通する点は、カリン・ハルトをこぞってほめている点。それらをあえて引用はしないが、同じ岸松雄が彼女の次の日本公開作である『青春の海』の評で、映画には概して好意的であるのに、「それにしても、カリン・ハルトにあどけ

『ボートの８人娘』のカリン・ハルト

なさ可憐さが失はれているのは、どういうわけであるか。」と嘆いているのを見ても、この映画の彼女には多くの人が心を惹かれたことが窺われるだろう。

An heiligen Wassern (1932)

聖なる水の意味。スイスの作家、ヤコブ・クリストフ・ヒーア（Jakob　Christoph Heer）の原作で、１９６０年にもスイスと西ドイツの合作でも映画化されているもの。ヒーアといってもルビッチの『山の王者』の原作者としてくらいしか日本では知られていないだろう。典型的な郷土映画だが、冒頭の村の暗さなど『青の光』のような山岳映画にも近いところがあり、戦後の映画には見られなくなった映像の良さは垣間見られるものの、筋の単調さの割には編集が悪いのか少し雑な感じ。カリン・ハルトは『ボートの８人娘』に続いて起用された。

『秋の女性』

アスタ・ニールセン最後の作品。コレクターの間で出回っているのは状態が悪いもので、私が見たものはカウンターが付いたビデオだったと記憶している。デンマークなどのアーカイブにはよいプリントがあるので、これもそのうち良いものでみられると期待している。ニールセンの話をすると長くなるので、ここでは当時の「キネマ旬報」の評で清水千代太が、「彼女の偉大なる演技がこの映画を支配している以上、アスタ・ニールセンが此の映画のすべてである、といっても過褒ではない。」と述べているとだけにしておこう。この評では、監督に関しては大して触れていない。個別の作品評ではなく、ある程度まとまったヴァシュネックの評らしきものはなかなかないのだが、「映画評論」１９３４年1月号の特集が、世界トーキー監督研究となっており、歐洲の部で19人採り上げられている。その19人には含まれないのだが、その次の、其の他の監督（ドイツ）の項で、ようやく彼の名が出てくる。著者は安田清夫で、「『秋の女性』に見るとほりのものが彼の姿であるとすれば、彼は、アメリカの監督達の様に、決して、洗練された腕はもってゐない。その代りに、獨逸風なる重厚な、ケレンのない正直さを持つてゐる。平凡ではあるが、然し間違ひのない手法をとつてゐる。非常に才能あるすぐれた監督ではないが、といって凡くらでは決してない。」と記している。これは『ボートの8人娘』公開前に書かれたもので、この著者はおそらく『秋の女性』以外は観ていないため、『秋の女性』に関しては適切な評となっているといえるだろう。ちなみにこの著者が伝聞として挙げるヴァシュネックの作品は、「彼は他に、以前に、『シエーンブルンの寵児』とか『ディアーネ』といふ可成りの作品を作つてゐるといふのである。それに新しくは『暗中よりの手』といふ探偵ものを作つているのである。」となっており、それぞれ、Der Günstling von Schönbrunn（29）、Diane - Die Geschichte einer Pariserin（28）、Hände aus dem Dunkel（1932）であるが、上述の要約にも出てこず、筆者が探した限りでは見つからない作品ばかりであるというのも、映画というものが忘れられやすいかということを物語っている。

『青春の海』

現存が不明で、これも当時東和が入れたものなのだが、その中では一番知名度が低い作品ではないかと。見られない作品であり、『秋の女性』、『ボートの8人娘』のように対訳シナリオも発売されず、大して書けることもないのだが、他で書く機会もないだろうから映画の内容とは全く関係ない話を少しだけ。以前フィルムセンターの韓国映画特集にて『半島の春』（41）を見たときに、なぜか東和が輸入した映画のポスターが、原語（ドイツ語かフランス語）のものと、日本版と取り交ぜて、そこら中に出てくるだけが印象に残った妙な映画だったことを覚えている。ほとんどのポスターの作品がいわゆる名画の中、これだけ異質だと感じたので、実は傑作なのかもと気になっている作品なのだが。

『青春の海』広告

ただ、実際のところ、川喜多夫妻の渡欧日記（1934/8/7）に以下のような記述がある。

これでウファの一九三二—三三、三三—三四年度を見終る。使えるもの左の通り。（ABC の三クラスに分ける）

1 Gold (A)
2 Ein gewisser Herr Gran (B)
3 Walzerkrieg (A)
4 Junger Prinzen grosse Liebe (B)
5 Flüchtlinge (A)
6 Viktor und Viktoria (A)
7 Schönen Tage von Aranjuez (B)
8 Inge und Millionen (B)
9 Abel mit der Mundharmonika (C)
10 Du sollst nicht begehren (C)
11 Livalen der Luft (C)

見ての通り（C）に分類されている。もっとも、この日記では「駄目」の一言で切り捨てられている作品がかなり多いので、（C）でもそれなりの評価はしていることは間違いないのだが、東京での公開は、グスタフ・ウチツキーの『ジャンダーク』の添物としてである。

筆者の感覚では『コスモポリス』(Geld)がAというのはあり得ないのだが、川喜多の評価は興行的な価値のことだ。この観点で行くと、日記に明記されているわけではないが『ジャンダーク』はAだろう。他のヴァシュネック作品を見てゆくにつれて、こういう地味な映画のほうが彼の特徴がよく出てくることが分かってくるので、この作品も見つかってほしいものだ。なお、リメーク(1965年のテレビ作品)はドイツでDVDになっており容易にみられる。

『セロ彈く乙女』(1934)

これはもっと知られてもよい作品だ。ドイツの音楽映画はこういった他愛ない作品でも、やはり魅力的だ。大作曲家の伝記映画とかよりずっと良い。原題は直訳すると、血の中の音楽。同名の映画が戦後にもあるなど、よく使われそうな表現。これは音楽一家の物語なので、その意図はわかるが、ちょっと訳しにくく、思い切った題をつけたのだろうが、それにしても、なんという邦題だろうか。今はこうはできない。

音楽を担当しているのはクレメンス・シュマルシティヒ(1880〜1960)。全編を流れている主題歌 Uns gehört ja die ganze Welt の作詞・作曲者。こういった映画音楽だけでなく、クラシックの指揮者としてもよく知られている。この映画でもハイドンのチェロ・コンチェルト2番、ワーグナーのタンホイザーの2幕と3幕の一部が出てくる。演奏は、当時の日比谷映画劇場のプログラムには、伯林演奏樂團とあるが、これは当時彼の指揮していた Berliner Konzert-Verein だ。オペラを歌っている歌手(バリトンのヴォルフラムの役)や、劇中アコーディオンを弾いている女の子の名前が分からないのが残念だ。

主演の若い恋人たちはリーベンアイナーとハンナ・ヴァーグで、『別れの曲』のドイツ版の主演の二人。レオ・スレザークも出ている。ロケはドレスデンで、映像にも面白いところがあり、見どころは満載だ。

Regine (1934)

帰郷した技師が、故郷でメイドとして働いていた娘レギーネと出会うという、割とお決まりの物語で、これも地味な作品だが、なかなか良い。冒頭で唄っている民謡は、Ach wie ist's möglich dann というもので、モチーフにも使われている。この頃だとコメディアン・ハーモニスツが歌っていて、流行っていた曲だろう。のちにディートリヒが歌った Du hast die Seele mein もこれ。この映画も音楽はシュマルシティヒが担当。主演のルイゼ・ウルリッヒは『未完成交響楽』の質屋の娘の役で、

『セロ弾く乙女』広告。レオ・スレザークとハンナ・ヴァーク

日本でも知られていないわけではなかったはず。共演もアドルフ・ヴォールブリュック、オルガ・チェーホワで、このキャストであれば当時輸入されてもおかしくはなかったと思うのだが。筆者が最初に見たヴァシュネックはこれだったと思う。アメリカで日本と同じ形式（NTSC）のVHSがあるのを見つけ、キャストに惹かれて購入したものだ。

未公開の訳は、川喜多の渡欧日記を繰ってゆくと、1935/7/4 の記載を見つけて明らかになる。

「日本の新派喜劇だ。ワシユネックの文學趣味。面白く見てゐられるが、日本の客には不解の點多し。この筋を少し變へて日本映畫を作つたら面白さうだ。」とある。

ヴァシュネックはこの原作を無声時代に一度映画化（Regine. Die Tragödie einer

Frau（27））しており、お気に入りの題材だったのだろう。原作のゴットフリート・ケラーは日本でもよく読まれた作家だ。これは未翻訳だと思うが。岩波文庫に「村のロメオとユリア」の翻訳が入ったのは1934年だが、この時点ではそれ以外の小説はほとんど紹介されておらず[4]、もう少し後であればケラーの名でも宣伝できたかもしれないのだが。

Liebesleute (1935)

レナーテ・ミュラーとグスタフ・フレーリッヒ主演。題名は恋人たちの意味で、別題がHermann und Dorothea von Heute（今日のヘルマンとドロテーア）だということで、こう書くだけで筋が分かってしまう映画なのだが、割としっかりした構成で音楽の使い方もよい。レナーテ・ミュラーがちょっと固いかと思えるのだが、やはり登場場面から存在感がある。ハンス・アーダルベルト・シュレットウは予想通り悪い役、ヴァルター・ヤンセンが出てこないなと思っていると、後半、良いところに出てくる。こういうのを見ると、まだよい時期の映画だといえる。

Eskapade (1936)

題名のEskapadeとは、馬術の用語の意味もあるが、大胆な行動のような意味だ。（1935年のウィリアム・パウエル主演のEscapadeとは何の関係もない。こちらは『たそがれの維納』のリメイクだ。この場合のEscapadeは情事のことになる。）別題をGeheimagentin Hélène（女スパイ、ヘレーネ）といい、現在ドイツで発売されているDVDのクレジットもこの

『Escapede』広告。レナーテ・ミュラー

タイトルだ。オープニング・タイトルの、向かってくる列車の側面に合わせた奥行きのある斜めのデザインもよく、主演はレナーテ・ミュラーということもあり当然期待するのだが、これはよくない。最初のグレーテ・ヴァイザーの美容院の場面はコメディーだ。その後は、レナーテ・ミュラーばかりが映っている場面が続く感じで、サスペンスとしてあまり面白くない。後半少し良くなってくるがやはり映像にも面白味がなく、終わり近くに再びグレーテ・ヴァイザーが登場、コミカル・レリーフといった役柄にしたいのだろうが、物語の中でのバランスが悪い。

Onkel Bräsig（1936）

　原作はUt mine stromtid（わが農民時代より）という、メクレンブルクが舞台の低地ドイツ語で書かれた、現地では有名な郷土文学。翻訳もないので筆者にも馴染みがないのだが、フリッツ・ロイターの自伝的な3部作の最後のものらしい。また、特に１９７０年代の42話からなるテレビシリーズが有名ということ。そんな前提知識から、これはいかにも本国でしか通用しないような、原作に出てくる幾つかのエピソードを連ねたコメディーと予測していて、理解できないのではないかと懸念していてなかなか手をつける気にならなかったのものなのだが、今回実際に見てみると意外に普通のコメディー感がある。やはりヴァシュネックは、田舎を舞台にした作品は得意なのだろう。改めて調べてみると、Kampf un die Scholle（24）として、ヴァシュネック自身が一度映画化している。先に訳出した要約には初監督の文化映画となっているものだが、キャストもこれと同じ人物が多いので、サイレント版も劇映画と見た方が良さそうだ。フィルムはDeutsche Kinemathek に１９８メートル のナイトレートが現存しているのみのよう。Ross が発行したポストカードに、Aus der Film ;Kampf un die Scholle;Kulturarbeiten der Ufa と記載されていることは確認できており、図柄は農民の生活の写真になっているものも、俳優の写真になっているものもある。そのあたりから推測すると、この無声版の方が原作に近いものなのだろう。というにも、この１９３６年版の主役のブレージッヒ小父さん、原作では主要な登場人物ではないということで、１９２４年版ではキャストを調べる限り出てこない。このバージョンあたりから、いわばスピンオフしたような形になり、それが１９７０年代まで引き継がれたということになるようだ。

　映画の内容に話を戻すと、ちょっと人物が多いのが気になるが、短くまとまってはいる。とはいえ、キャストがそれほど魅力的ではない。主演のオットー・ヴェルニッケはよく脇役で出る人。ラングの「怪人マブゼ博士」、「M」のローマン警部が有名だろう。他のキャストでは双児の一人がクリスチーナ・ゼーダーバウム。これは「青春」より早く、ドイツでは映画初出演となった作品。他に有名どころはヤコブ・ティートケくらいか。ハンス・リヒターがそれなりに目立っていて、本国では有名だというのはよくわかるのだが。

Die göttliche Jette（1936）

　グレーテ・ヴァイザー主演のコメディ。１００分弱の映画だが、よくしゃべるしよく歌う。彼女の本領発揮ですね。唄も楽しいし、言葉が分からないと全く楽しめないという型の映画ではなく、郊外の劇場の歌手が、銀行家らの監査役員らに取り入って、ベルリンでデビューを果たすというというありきたりな筋で、見ていればわかる。それなりに楽しめる映画なのだが、共演者が全く目立たない。全員同じ調子なのがいけない。クレジットはタイトルに続き主演2人（ヴァイザーとヴィクトル・デ・コーヴァ）が紹介された後、〝その他〟と1枚使った後、小さな文字でその他全員を詰め込んだものが1枚出るだけ。監督のヴァシュネックを含むスタッフも全部この出演者と同じ1枚というお遊びだが、これが映画の特徴をそのまま表わしているのだ。

　グレーテ・ヴァイザーは日本ではあまり知られていないが、この映画で人気が出て、戦後も活躍した有名な人。ＣＤもある、といってもこの手のアンソロジー物は近年は何でも出てくるので、知名度の指標にはならなくなってきているから、EMI Electrola の Der Goldene Trichter のシリーズでＬＰが出ていたと書いた方がよいだろう。調べていたら２０００年に切手にもなっている。映画の日本公開作は、まだ無名の頃、アンナ・ステン主演の『泣き笑ひの人生』（31）に出ている他には戦前の公開作はおそらくないだろう（戦後もよく出る人だが『カジノ・ド・パリ』（57）でカタリーナ・ヴァレンテの母親役がある）。〝その他〟のクレジットを免れているヴィクトル・デ・コーヴァも田中路子と結婚前で、日本では殆ど知られておらず、これでは日本には公開されない。
題名はパロディー。神聖ガルボ帝国と日本でも呼ばれる表現は、ドイツ語ではDie göttliche Garboだ。グレーテ・ヴァイザーが真似ているのは、同じディーバでもディートリッヒなのだが。
次に日本公開作が2本。『さすらひ』と『荒天飛行』。

Die gottliche Jette』広告。グレーテ・ヴァイザー

現存しているようだが、上映用のプリントはなさそうなので、現在は簡単に見られそうにない。当時これを日本に輸入した理由は簡単に想像できる。ヴィリ・フリッチュ主演だからに他ならない。この時期になってくると、ドイツでは有名な俳優でも、日本になじみがないと、ほとんど輸入されなくなってきている。日本公開が1942年と遅れているのは、ドイツ映画の人気がだんだんなくなってきており、興行価値がさほどないとみられた作品は、適当な公開時期がなかったためだろう。同盟国以外の映画が禁止されて、お蔵入りしていたものが陽の目を見たというところだ。

と、書いておいたのだが、探せば見つかるもの。昔はかなり苦労して探したものもあっただけに、ある意味ではよい時代になったものだ。簡単に追記しておこう（ドイツの公開日は『さすらひ』は1939年になるが、撮影は『荒天飛行』より前になるので、その順に述べる）。

『さすらひ』はリル・ダゴファーとフリッチュ主演なので期待させられる。カイロを舞台とした冒頭の描写は楽しめたのだが、やはり編集が今一つなのかまとまりが悪い。フリッチュは全く目立たない。子役がよいのが救い。当時の「映画旬報」の内田岐三雄の評も散々だが、この時代の日本で書かれたドイツ映画の批評は、多くを期待しすぎている感がある。

『荒天飛行』はどう見ても凡作だ。ヴァシュネックはこの手の犯罪物はうまくないようだ。筋は結構複雑で、手に入ったものも状態がよくなく、手紙などの文字は読み取れないため、見るべき点がまだあるのかもしれないという点は留保しておかなければならないが、当時の「映画旬報」の評もかなり厳しい。

主演女優のユッタ・フライベはこの時代のみに活躍していた人で、他の日本公開作だと『勲功十字章』に出ているようだが、これは筆者の記憶に残っていない。

Anna Favetti (1938)

この作品はこの時期の代表的なものだろうから触れておこう。上の要約ではメロドラマとしてあるが、ちょっと筋を追ってみよう。建築家(マティアス・ヴィーマン)が、うるさい電話から逃れて、サン・モーリッツへスキーを楽しみに逃げ出す。クリスマスの時期であり、しかもこの年は世界選手権開催中で、ホテルには当然部屋はなく、いろいろ探し回った挙句、山中の民家に泊まることとなり、そこの娘アンナ(ブリギッテ・ホルナイ)と親しくなる。街から奥さん(ジーナ・ファケンベルク)が追いかけてきてホテルに泊まろうとするが、やはり満室。なぜかそこに居合わせたカナダのホッケー選手(カール・シェーンベック)と知り合いで、何とか部屋を確保、一緒に試合を見に行ったりと楽しんでいる…といったように、どう見てもコメディーの構成。原作は「暗い家の光」といい、そのファベッティ家の息子が先だっての世界大戦から帰ってきておらず、父親はまだ戻ってくることを信じているといった筋書からとられた題だろう。映画はその筋書きには沿っており、心理的描写もあるのだが、上述したようにコミカルな場面も多く、唄も入り、更にはフィギュア・スケートのペア(インゲ・コッホ、ギュンター・ノアック)の映像、おそらくこの年1月の世界選手権で3位に入賞した時のもの、も挿入されており、娯楽映画の作りになっている。

Frauen für Golden Hill (1938)

　これも見られたので一言だけ。舞台はオーストラリアだが、Der Kaiser von Kalifornien（36）とか Gold in New Frisco（39）、Wasser für Canitoga（39）などと同じ、どういう訳か題名が地名で終わっていることが多いこの頃のドイツ製西部劇。ノルウェー出身のキルステン・ハイベルクの歌が聞けるだけでよい。これは、今回見られた中では、この時期のものとしては、かなり正当な脚本でまとまりがよい。ハイベルクは日本公開作もないので、知られていないだろうが、ベニャミーノ・ジーリと共演作品もある。

Fräulein (1939)

　イルゼ・ヴェルナーは日本でも知られている方だろう。『希望音楽会』は戦前公開されているが、キネマ旬報社の「世界映画音楽事典」（78）には、どんな曲をやっていたか思い出せないと書かれているくらいなので、この当時でさえこれを覚えていた人も少ないだろうが。近年ではコイトナーの「グローセ・フライハイト7番地」の方が評価されているだろう。しかし、この作品は彼女の中でもかなりマイナーな方。他の出演者も助演級の人ばかり。叔母役のローマ・バーンは無声映画からの古い人。『朝から夜中まで』に出ている。

　映画中、特に前半、セリフに何回となく Fräulein, Fräulein と出てくる。これはお嬢さんの意味ではない。イルゼ・ヴェルナーの役はメイドなのだ。その効果を狙ってのこともあるのだろうが、セリフが多め。物語は工場を経営している父親（ハンス・ライベルト）が娘と結婚させようとして呼んだ紳士（エリック・フレイ）が、メイドがピアノを弾くのを偶然聞いてから彼女に惹かれてゆくというありきたりもいいところのもので、最後まで同じ調子。娘役がマディ・ラールだけあって、タップを踊ったりする。また、それを子役（ギゼラ・ショルツ）が真似しているところなど、面白い描写もあるにはあるのだが、これは凡作。

Die Rothschilds. Aktien auf Waterloo (1940)

　「ロスチャイルド家・ワーテルローの株」。プロパガンダ映画の中でもそれほど著名なものではなく、実際のところ強烈な印象を残すような場面もない。この手の映画は人物が会話しているだけになりがちなのだが、若干ユーモラスな描写を入れて、退屈さを回避しようとした努力は認められるが、やはりどの俳優も面白くなく、全体としてはエピソードが続いてゆくだけの退屈な映画だ。以前は20分くらい短い、74分のバージョンが出回っていたのだが、削られている場面のほとんどが女優が出てくるところだというのは象徴的だ。正確には、ロスチャイルド家の一員が誰も出ていない場面を削ったように思える。役は、イギリスの銀行家ターナーの妻（ヒルデ・ヴァイスナー）と、別の銀行家ベアリングの娘（ギゼラ・ウーレン）で、この2人以外には女優らしい女優は出ておらず、ギゼラ・ウーレンの場面は完全になくなっていた。現行の版（97分）で見ても、彼女は添物的な扱いで、映画がロスチャイルド家の物語を編年体で語っている構成なので、カットされても話は通じてしまう。ヒルデ・ヴァイスナーの場面はコミカルで、ナタン・ロスチャイルドが蔑視されているのがよくわかるのだが、このように描くとむしろロスチャイルドの野望が、恐怖感を伴って出てこないので、結末の唐突な感じを強めてしまっている。ユダヤ人に対する嫌悪感を持たせるという意味のプロパガンダとしては成功していない。むしろ、ロスチャイルドが蔑視されるというのは当然という前提で、彼に協力する、あるいは翻弄される、英仏の登場人物を風刺的に描いた作品と見た方がよいだろう。

Zwischen Hamburg und Heiti (1940)

「ハンブルクとハイチの間」。同名の主題歌はのちにハンス・アルバースが歌っているが、映画はグスタフ・クヌート、ギゼラ・ウーレンの主演。主役はアルバースでも相応しいような映画なのだが、このキャストだとちょっと地味か。グレーテ・ヴァイザーは良い役だがちょっと振るわず。日本で知られているのはルート・エヴェラーの方でクレジットはヴァイザーよりも前だがすぐにいなくなってしまう役、主演のクヌートの友人の結婚相手で、大した役ではない。典型的メロドラマの割に大仰になっていないのはよいが、やはりキャストの魅力がないと、二流どころとしか言いようがない作品だ。

Die beiden Schwestern (1943)

「二人の姉妹」の意味。ギセラ・ウーレンとマリーナ・フォン・ディトマーの姉妹のメロドラマ。舞台は19世紀末のベルリン。筋は、母の死の後引き取られた先で出会った作曲家のO・W・フィッシャーをめぐるメロドラマだが、音楽が軽快につないでいるので、重苦しくならず、むしろ音楽物といってよいだろう。他にもゲオルグ・アレクサンダーの伯爵など、多少は良く知られたキャストだが、エーリヒ・ポントの教授（画家）など、ちょっと型通りのところもある。この手の話で必ず出てくる噂話をする二人の女性、そのうちの若い方はトルーデ・マーレンといって、ヴォルフ・アルバハ＝レッティの2度目、マグダ・シュナイダーと別れた後、の奥さんだ。ヴァシュネックは音楽物はきちんとまとまった作品になるようだ。

Eine reizende Familie（1944）

久しぶりのカリン・ハルトの起用。これは子供向け映画で、ゾーニャ・ツィーマン（1926〜2020）も子供たちの一人とするには大人すぎて、可成り違和感がある。音楽場面も冒頭に少しあるのだが、基本的に子供たちのインディアンごっこが主体ともいえるほど多くを占めている。それが面白ければよいのだがそうでもなく、決してテンポが悪いというわけではないのだが、平凡な上に、時代柄仕方ないとはいえ、安っぽいセットも目立ってしまう。

Die Affäre Roedern（1944）

この時期に多く作られたプロイセンものの一つ。ドイツ映画には、プロイセンものというジャンルがあるといって差し支えないだろう。Jan-Christopher Hollakは、「ほとんどすべてのプロイセン映画において、ヒロインは、夫を探す娘か姉妹といったステレオタイプとして描かれている。女性たちは、恋人と会う前は自分の職業を持っていたが、たいていは男を助けるためにそれをあきらめる」と述べている。[5] この物語は、要塞建築技師レーデルン（パウル・ハルトマン）と歌姫の恋物語から始まるメロドラマで、こちらの方は歌がある分だけ救われているし、召使らのコミカルなところも効果は出ているが、後半愛国ものになってからが単調で、やはり凡作の域を出ない。主演女優のアンネリーゼ・ラインホルト（Anneliese Reinhold, 1917-2007）は、１９４０年に Die Drei Codonas で注目されてきた女優で、この作品でもなかなかよいのだが、戦後ドイツでは1本撮った後、監督のパウル・マイと結婚し引退したので、国外ではほとんど知られていないだろう。Die Welt 誌の死亡時の記事（2007.1.27, hgr の署名）によると、もともと旧姓 Anneliese Reineke としてダンサーとして活躍しており、その頃も映画のバックグラウンドで踊っていたとのこと。この記事では、他の作品としては、Paracelsus（43）の精神障害のある娘、彼女自身のお気に入りの映画 Violanta（42）を挙げている。

戦後に関して、先に訳出したH.M.Book の要約にはないが少し補足しておく。Danke, es geht mir Gut（1947）という作品が挙がっていることがあるが、これは１９４４年に撮られた前述の Eine reizende Familie のことで、戦後まで公開されていないもの。Menschen in Gottes Hand（47）はヴァシュネックが撮り始めたが、ロルフ・マイヤーが完成させた。したがって、Drei Tage Angst（52）が戦後の最初の作品となる。

その Drei Tage Angst（三日間の恐怖）はルドルフ・プラッテ二役のコメディー。人違いによって事件に巻き込まれるよくある話。プラッテは戦前からよく脇に出ている役者だが、主演は珍しいのではないか。歌手を演じているエセル・レシュケ（クレジットにはないが『制服の処女』（1931）の女学生の一人ということ）が割とよいのだが、全体的にはプラッテに頼りすぎになってしまっている。なお、子役はドイツでは有名なコーネリア・フロベス（Cornelia Froboess）。Die kleine Cornelia - die große Conny という、子役時代と娘時代の2枚組ＬＰが１９７９年にＥＭＩから出ている通り、ティーンエイジャーとなってからはコニー・フロベスとクレジットされることが多い。この名前であれば、日本でも１９６２年のユーロビジョン出場曲の「夢のイタリア」（Zwei kleine Italiener）など、シングル盤が発売されたことがあるので知っている方も多いかと思う。もちろん女優としても出演作はかなりある。子役時代の日本公開作には『犯罪国境線』（Sündige Grenze）（51）があるが、これだけでは紹介にならない。『ベルリン忠臣蔵』（85）のレポーター役は彼女だが、それも知られていないだろう（クレジットは彼女がトップなのだが、どう考えても彼女が理由で輸入されたわけではなさそうだし、ＶＨＳビデオのパッケージにはユルネリアと誤記されているくらいなので)。

代表作としては、1968年にエルンスト・ルビッチ賞を受賞している、クルト・トゥホルスキー原作の映画化 Rhiensberg (67) を挙げておく (ちなみに、トゥホルスキー存命中に映画化された作品は、ヴァシュネック監督の短篇 Wie kommen die Löcher in den Käse? (1932) のみ)。

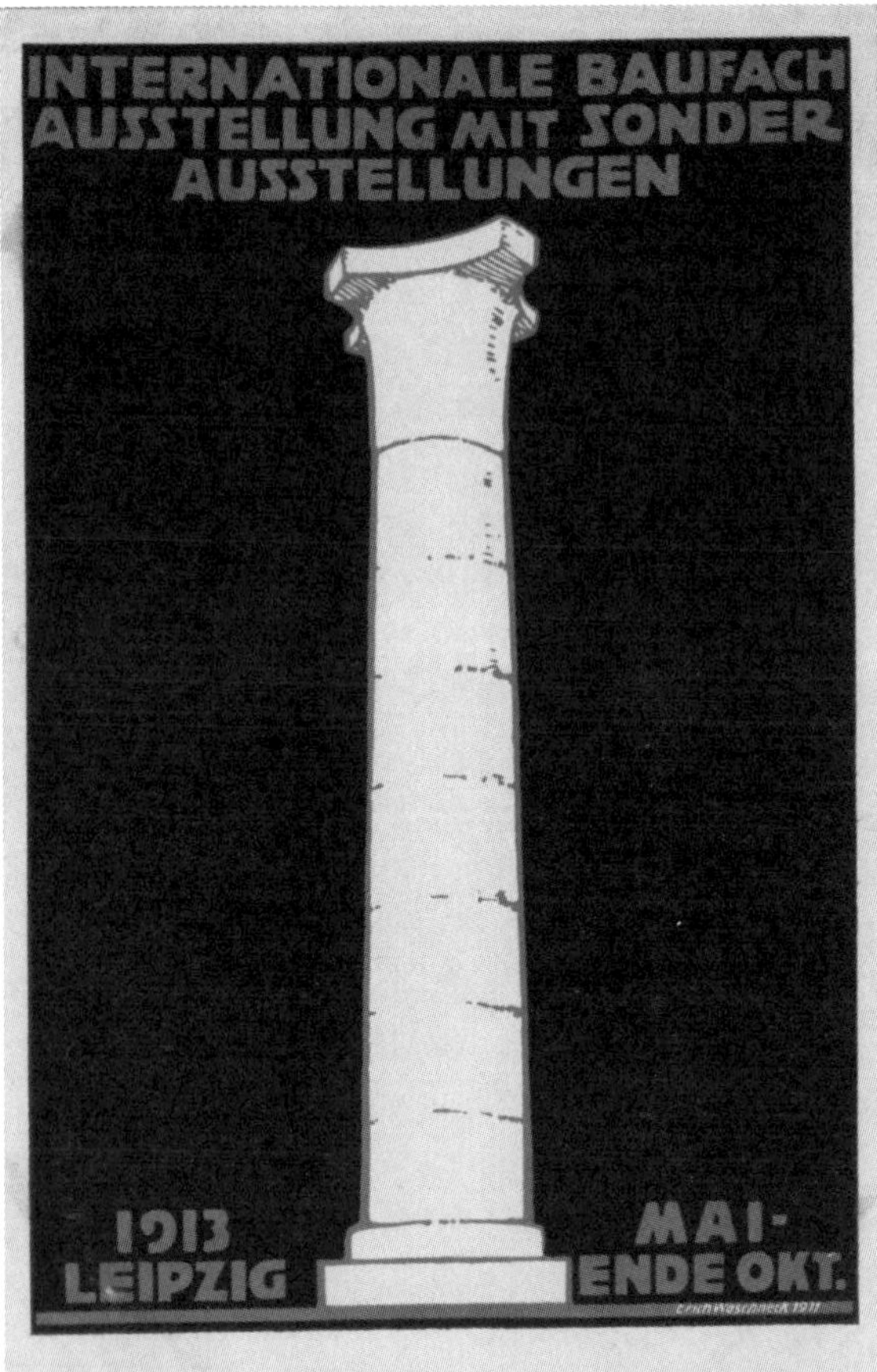

デザイナー時代のヴァシュネックが製作したポスター。1913年ライプチヒで開催の国際建築博覧会

最後は監督作品ではないが Jenny。前述の通り、『ボートの8人娘』のリメイク。筆者はオランダでDVDが出ていたのを見ている。オランダ最初のカラー劇映画。クレジットの間はセピア調なのが、Agfacolor と出るとそこからカラーになる。全体として落ち着いてはいるが、特別よいところも見受けられない作品という印象だった。これにはクレジットには脚本として記載されているのみなので、前述の要約に監修とあるのは、この別キャストのドイツ語版 (西ドイツ公開が1959年) の方のことで、こちらは筆者は観ていない。いずれにしても、これに監修という形で参画するということは、やはり愛着があった映画なのだろう。

そんなわけで、結局彼と創設時からのパートナーであるヘルマン・グルントのプロダクションである Fanal Filmproduktion GmbH の映画を中心に述べてきたことになる。もちろん、時代の流れによって、作風が変わる時期の作品も重要な作品と考えるべきなのだろうが、彼が自分で、好きなものを制作できた時代の作品が、やはり代表作となるのではないだろうか。１９４２年にドイツの全ての映画会社は一旦 UFA-Film GmbH (UFI) に統合されるが、戦後も Fanal-Film Produktion und Vertrieb GmbH を再開している。戦時の中断を別としても他社で撮ることもあったのだが、１９３２年から１９５３年まで、自らの独立プロダクションで撮り続けた監督も珍しいのではないか。

【注】

［１］「Joanne Hopper, Von Kanonen und Spatzen: Die Diskursgeschichte der nach 1945 verbotenen NS-Filme, Schüren Verlag GmbH, 2021」

［２］２００７年のポルデノーネ無声映画祭のカタログの記述より。なお、これに関しては、発売予定の The Concise Cinegraph より引用ということになっているのだが、実際に２００９年に発売されたこの人名辞典には Erich Waschneck の項目はない。そもそも、これはドイツ語版の膨大な CineGraph の辞典の簡易英語版ということで企画されていて、それでも６００ページ近くあるのだが、削られてしまったようだ。巻末に、ドイツ映画を学ぶ人のために参考文献などが挙がっており、ドイツ映画の各時代に合わせて、重要な人物の一覧も列挙されている。それらのどの時代の一覧の中にも、ヴァシュネックの名前はない。

Hans-Michael Bock は旧ＤＩＦのサイトに、少なくとも２００２年には存在していた記載から要約（若干の独自記述を含む）して英訳したと思われる。現在も http://www.difarchiv.deutsches-filminstitut.de/dt2tp0066.htm から参照可能。uvk と署名があるのは Ursula von Keitz だろう。

［３］「２０２３年11月追記。『噂の女性』は現存。Paul Cuff がムルナウ財団の好意でプリントを見せてもらったということ。2023/10/4 のインターネットの記事参照。https://therealmofsilence.com/2023/10/04/der-skandal-in-baden-baden-1929/」

［４］「ケルレル情話集」（高坂義之訳、１９２４、春陽堂）に、「怒りんぼのパンクラーツ」(Pankraz, der Schmoller)、「村のロメオとユリア」、「艶書濫用」(Die missbrauchten Liebesbriefe) が収められている（ちなみに、Die missbrauchten Liebesbriefe は１９４０年にレオポルド・リントベルク (Leopold Lindtberg, 1902-1984) 監督で映画化されており、スイス映画の代表作の一つだろう。１９４１年のヴェニス映画祭受賞作）。

［５］Jan-Christopher Horak, "Eros, Thanatos, andthe Will to Myth : Prussian Films in German Cinema", in "Flaming the Past: The Historiography of German Cinema and Television", Bruce A. Murray and Christopher J. Wickham (ed) , Southern Illinois University Press, 1992, p 128.

（とざき・えいいち）

遅れて来たファンの妄想

錦ちゃんと金ちゃん（?）

永井啓二郎

映画を見始めた頃、東映の封切館は既にやくざ全盛。時代劇は、ほぼTVでの鑑賞だった。大スタア中村錦之助だって、出会いは『風林火山』『御用金』のどちらか。『地獄変』『幕末』『新選組』『真剣勝負』…東宝のヒトって印象。その時期の一本『待ち伏せ』で彼にイカレたけど、なかなか全盛期の作をフィルムで観られなくてネ。沢島忠も加藤泰も、今ほどプリントが豊富じゃなかったんですぞ、お若いの！　勢い、昔のファン雑誌をながめたりして渇を癒すわけだが、たぶん「明星」だったかに未知の作品名が載っていた。「大阿蘇の決闘」。錦之助で撮影準備中とか。でも記録にないからはポシャッたんだろ、と放念してた。

その記憶が今年になって甦ったのです。古本屋で拾った小説『大阿蘇の決闘』（南書房　昭和33年5月刊）。作者はなんと深田金之助。オビにこうある。

装画・岩田吉夫

「ラジオ東京人気番組東映映画化」。そうだ。原作どおりのタイトルで映画化されるとは限らない。こうなれば自分で調べるより、斯界の権威・本誌連載の最上敏信さんに確認しよう…で、結果は以下の如し。

1、深田金之助監督作44本に中村錦之助は1本も出演ナシ。

2、昭和33年深田監督作は、千恵藏、月形、橋藏、ひばり、千代之介の各主演作5本のみ。

3、東映は同年103本作ったが、原作、脚本ともに深田金之助の名前はない。

4、さらにこの年間で「～決闘」がつく題名もない。ボツになったろう、が氏の結論でした。

そもそもこの小説じたい、なんの新味もない、所謂「読物雑誌」に溢れてた消閑時代小説そのもの……戦国時代、滅ぼされた大名家の姫君を助けんとする素浪人。そこに旧家来や悪玉が色恋がらみで……文章もヘタで、ハナシの流れが悪く、読み続けるのに難渋する出来。

深田サン、本業の映画も全作品の半分以上は観たが（大半は16ミリとTV。そこはゴメン）、ピリッとしたところゼロ。当時既に沢忠、泰と出会ってた錦之助がノッてくる企画じゃないよネ。

（ながい・けいじろう）

時代劇に怪奇性を求めて　第三回
水戸黄門のモンスター退治

二階堂卓也

私は時代劇の熱烈なファンではないが、戦前から戦後しばらく――大雑把ながら一九六〇年代までとしておくが――永遠不滅の如き知名度と興行力があったのは、結局のところ「忠臣蔵」ではないかと思う。主君の無念を晴らすべく隠忍自重の末の四十七士の仇討ち成就が各社で作られ、圧倒的な支持を得てきたのは日本人の心情にピタリとくるものがあったのだろう。

一九五四年から一九六二年まで7本が興収ベスト・テン内にランクされ、うち4本がトップだったのはオールスター映画ということもある。戦後一作目は東映の『赤穂城』『続赤穂城』の二部作で（52・萩原遼＝＊・1）、片岡千恵蔵が大石内蔵助と浅野内匠頭の二役。薄田研二が吉良上野介に扮した。

これに伍するのは誰もが「へへー」とひれ伏す天下の副将軍の威光による悪人征伐と世直し――いわずと知れた「水戸黄門」だろう。「忠臣蔵」には御愛嬌としてのスピン・オフ（＊・2）や新解釈による異聞めいた作品（＊・3）があったが、こちらは黄門様や助さん格さんのキャラクターがガッチリ固まっていて、変革をもたらす余地がない。脚本家が妙な下心を持って何か新味を打ち出したら、却って総スカンを喰ってしまうのではないか。やるならポルノだろうが、それにはおそらく度胸が要る。

黄門ものも戦前から記録されており、戦後は大映を皮切りに（51）松竹、新東宝などにもあるけれど、代表的なのは何といっても主役に渋く重厚、時に洒脱さも見せる月形龍之介を据えた東映版だ。

この分載にあえて、その「水戸黄門」シリーズを加えるのは、物語のバック・ボーンは通り一遍の謀反劇や陰謀話ながら、尋常ならざる怪物とか妖魔の如き怪人を配した諸作が少ないながら散見するからで、彼らが引き起こす恐怖と混乱は最後まで興味を惹いた。

東映の水戸黄門ものは市川右太衛門主演の二部作(52・渡辺邦男)でスタートしたが、本稿でいう「シリーズ」とは月形主演・伊賀山正光監督による『水戸黄門漫遊記』(54=三部構成)から『水戸黄門漫遊記第10話・鳴門の妖鬼』(56)までの10本を指す。すべてモノクロで、助さん格さん役は一定していない。

他に、月形はそのままに監督が交代した57年から61年までの4本と、第二東映での宇佐美淳也、大河内伝次郎主演による各1本(共に60)を入れると、トータル18本。後年の東野英治郎主演『水戸黄門』(78)は、テレビの長寿番組のお流れ頂戴という企画の安易さと情けなさから除外した。監督が快作『忍者狩り』(64)でデビューした山内鉄也と知った時は目を疑いさえした。身過ぎ世過ぎは草の種とはいうけれど。

(*・1)日本の民主化を進めるGHQ傘下のCIE(民間情報教育局)の方針と規制により、肝心要の討ち入りは〝蛮行〟とされ、描かれていない由。当時の時代劇の制約については遠藤龍雄著『映倫・歴史と事件』(ぺりかん社・一九七三)に詳しい。

(*・2)『サラリーマン忠臣蔵』(60・61=二部作・東宝)『長脇差忠臣蔵』(62・大映)。『ギャング忠臣蔵』(63・東映)は前編(?)のみの未消化作。

(*・3)同日封切りだった『忠臣蔵外伝・四谷怪談』(94・松竹)『四十七人の刺客』(同・東宝)。2本とも興行的に今一つだったのは内容云々より時代のせいか。「忠臣蔵」なんて知らねえよというヤング層にそっぽを向かれたふしがある。

1

諸国を漫遊しつつ、悪人ばらを一掃してきた黄門様と助さん(月形哲之介)格さん(加賀邦男)が安房銚子で遭遇するのが奇怪かつ残虐な連続殺人事件。死体には人間業とは思われぬ傷跡があり、肉まで抉られている無残さである。冒頭のミステリアス・ムードも束の間、ほどなく姿を現した〝下手人〟が「南蛮渡来のゴリラ」(台詞より)――すなわち、『怪力類人猿』(56・7作目)。表情はともかく、ぬいぐるみ着用の図体、動作は遜色なく、

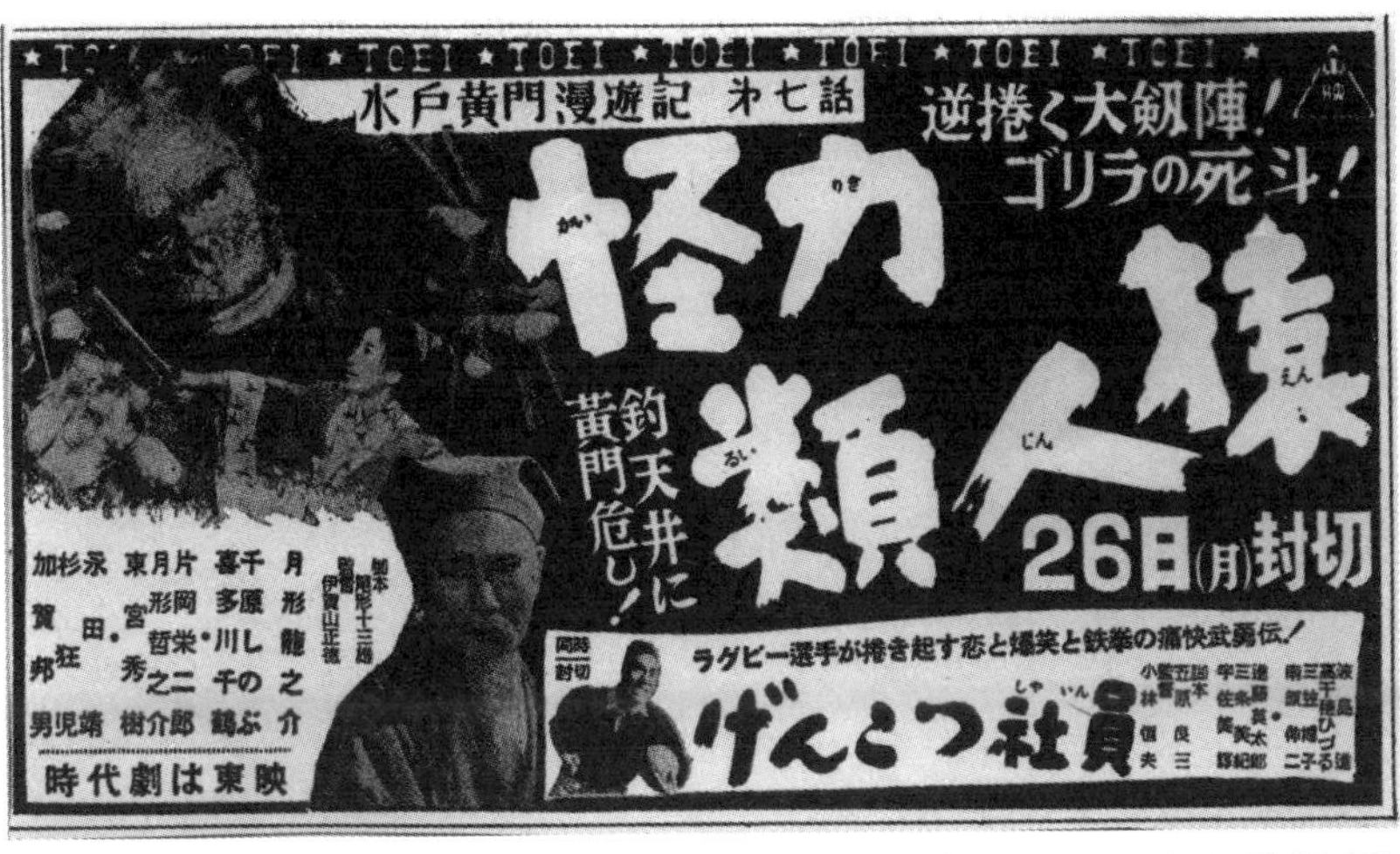

『水戸黄門漫遊記　第七話　怪力類人猿』新聞広告（朝日新聞　1956年3月23日）

畢竟、これは本シリーズのみならず、量産された東映時代劇全般の中でも異色作として記憶される。

毛むくじゃらの怪物を笛の音で巧みに操るお浪こと浪姫（喜多川千鶴）は、徳川のため取り潰された安芸藩々主福島正則の遺児で、遺臣たち（筆頭格に阿部九州男）とお家再興を目論んでいる。ゴリラは南の島をめぐるうちに捕え、飼い慣らしたという設定だ。

結託するのが将軍綱吉暗殺を企んでいる宇都宮藩の本田（通例本多だが配役表に準じた）上野介（永田靖）で、役者と御膳立ては揃ったが、展開がスムーズでない。

ゴリラを追って、停泊中の紀州家御用船に潜入、大量の砲弾を発見した黄門一行は捕まって火薬の空樽に入れられ、海へ放擲される。どうなることかと固唾を呑んでいると、次の場面では全員田舎家で寛いでいるではないか。波間を漂っているうちに助けられたという黄門様の台詞だけの処理は手抜きもいいところで、このあと繰り広げられる村相撲のエピソード（江戸相撲の力士に青柳竜太郎！）や、1作目に出てきた杉狂児ら偽黄門トリオの登場も物語には関係ない。

悪党たちが一枚岩でないのも混乱の要因。上野介は東照宮参詣のため江戸から赴く綱吉饗応のため、城内でゴリラ上覧を企画する一方、秘策として釣天井まで用意している（とっくに完成している設定）。だが、そこまで段取りができているのに、遺臣一党が将軍の行列を大砲や鉄砲で襲うのがわからない。

　将軍の駕籠は空っぽで、襲撃失敗を知った上野介が彼らを皆殺しにするのもわからない。この間、「将軍家御上覧」の立て札を掲げた一行により、檻に入れられたゴリラが運ばれてくる。警護役人や見物人のエキストラ大動員のシーンが壮観も、アッサリ場面が変わってしまうのが惜しまれる――というより、もったいない。

2

　上覧が何てことなく終了したあと（ここも肩透かし）、陰謀の証拠をつかんだ黄門が参上。助さん格さんに加え、上野介の裏切りを知った浪姫も駆けつけて乱戦開始。上野介、多勢を頼んで彼らと将軍を一室に追い込み、扉に錠前を掛け、綱をグイと引くと、天井が降下してくる。この大ピンチに、咄嗟に笛を吹く浪姫。その音色に、ご主人様の危機を悟ったか、ゴリラが檻から脱出して大暴れ。扉をブチ破って全員を救出するも、哀れ、落下した天井の下敷きに……。


　テーマはお家再興と将軍暗殺、見どころはゴリラと釣天井。二段構えといえば聞こえはいいが、二兎を追った脚本は一兎も得ず――とまではいわないが、焦点定まらぬ結果になった。釣天井も大映の『投げ唄左門二番手柄・釣天井の佝僂男』（54）があったから二番煎じは免れず、今更大々的な見せ場にするのはためらわれたか。仕掛けられた部屋もずいぶん狭そうだった（笑）。

　黄門の息子（史実では婿養子＝江原真二郎）や上野介の後ろ盾に紀州家まで絡ませているのは脇役過多の観。もっとも、これはそれだけ俳優が豊富だった証(あかし)でもあろう。黄門様一行に同行している緋牡丹お蝶は1作目に鳥追い女として登場してから次に述べる『人喰い狒々』までレギュラーを務めた。演じた千原しのぶは東映京都で長く貢献した細面の忘れ難い女優である。

　「ゴリラ」は便宜上で、「南の島」の台詞から正しくはボルネオやスマトラに棲息するオラン・ウータンだろう（日本では「猩々(しょうじょう)」と呼んだ）。その昔、父に連れられて見た『謎のモルグ街』（54・米）に出てくるやつで、飼い主から逃げたそいつが樹木を利用して窓から邸宅に侵入するシーンと、カラー映画だったことを覚えている。立体映画として話題になった由だが、特殊（？）眼鏡をかけて見た記憶はないので、洟垂れ小僧が接したのは封切り後しばらくしての平版であったろう。

3

『人喰い狒々』(56・9作目) は岩見重太郎の狒々退治を想起させた。信州は七日市——白羽の矢を射られた家では娘を山奥に祀られている甲武信権現様に生贄として〝奉納〟しなければならず、人々は震え上がっている。宿の主人から事情を聞いた黄門様、花嫁姿で指定のお堂に赴くが、何事も起こらない。

「偽物と気づいたか」と苦笑いするが、その報復か、宿は何者かにメチャメチャに破壊され、娘もさらわれてしまう。残っているのは巨大な猿の足跡。

領民の恐怖と窮状に、城に赴いた黄門は城主の前田丹羽守が頭巾で顔を深く覆っているのに驚く。業病（いわゆる天刑病）に罹ったためという。のちに頭巾を自ら取って、醜いメイク顔を見せるのは松竹からの客演戸上城太郎。黄門は、その妻になるはずの姫君が、さすがに結婚を渋っていると知って心を痛める一方、用人棚倉（清川荘司）の行動に不審を抱く。

やがて姿を現わす巨大な狒々も、ぬいぐるみ着用なのは明々白々なのはともかく、〝類人猿〟ほど怖くないのは全身が白毛に覆われているからだろう（相良三四郎なる俳優〈?〉が演じた）。狒々はゴリラ同様アフリカ棲息のサル科の動物で（マントヒヒが有名）、黄門様の「かなりの老猿じゃ」というつぶやきがある通り、日本では古くから老いた猿の妖怪とされる。ここでは単に白い大猿としておく。

それを守護神に祭り上げ、甲武信権現を騙っているのは天幻教なる邪宗門。教祖は巫女姿の老婆(日高澄子)で、従う男たちは信者というより山賊紛いの連中だ。洞窟内の護摩壇には炎燃え盛り、その飾り物は髑髏と、漂う怪奇ムードはなかなかよい。牢獄にはさらわれた娘たちがいて、丹羽守の業病を治すには彼女たちの生き胆が必要というのだから恐ろしい。石の手術台（?）に縛られた女の絶叫と悲鳴。亡骸は狒々の餌に供される。

露骨な場面はさすがにないけれど、牢獄に白骨が散らばっているなど、想像させる分、効果はある。

この映画、丹羽守に極めて同情的で、それはわかるが、業病治療はいかな天下の副将軍でも手の施しようがない。後半も助・格コンビに目立った活躍は見られず、今度はお蝶が花嫁に化けたものの、いとも簡単に拉致されるのはクライマックスへの布石にしても、行き当たりばったりのダラダラ展開には辟易した。

おまけに、悪党たちが前田家乗っ取りを企むでもなく、領地を支配しようとするでもなく、棚倉が主君の治療の相談にきたのをもっけの幸いとし、丹羽守を単なる教団のスポンサーとして、つまり金蔓ぐらいにしか思っていないケチなグループに過ぎなかったのにもアテが外れた。新興インチキ宗教団体のやることは昔も今も変わらぬものらしい。最後は教祖も倒れ、殿様は我が身をはかなんで投身自殺。大猿も激流に落下するが、護摩壇のセットや生き胆趣向が効果的だっただけに、もっと怪奇調に徹すればよかったのにと今更ながら残念。

4

9作目ともなるとネタ詰まりになってきたのか、洞窟に巣食って神の名を騙る邪教集団は『投げ唄左門三番手柄・覆面髑髏隊』(54・大映)に出てきたし(脚本家は同じ)、若い娘の生き胆を業病の秘薬とする怪療法は『旗本退屈男・どくろ屋敷』(54)にもあった。その兆候は直前の8作目『怪猫乱舞』(56)が題名からわかる通り、怪談映画でお馴染みの化け猫騒動の焼直しだったことからも窺われる。取り立てての新味もなかった凡作だったので本稿では扱わないが、女優陣が煩雑で、生き別れになっていたというお蝶の姉まで出てきたのには驚いた。何やら、やっつけ脚本の気がしないでもない。

『人喰い狒々』に戻るが、一味の頭目格ながら、情欲を満たさんと、捕えた女たちに言い寄っているのが青柳竜太郎――といったって、すぐ思い出せる人が何人いるか。大体が悪玉の子分役で、『怪猫乱舞』では珍しくお家乗っ取りを企む悪の領袖役だったが、貫禄不足は如何ともし難く、今回のような下品でベタな役のほうが、いかにもこの俳優らしくていい。

テレビ放映作品の劇場公開版『白馬童子・南蛮寺の決斗』(60・二部作)で演じたオランダ使節コープスと海賊の親玉の一世一代の(?)二役は忘れ難い。

私が青柳竜太郎にこだわるのは、演技は凡庸、エロキューションも下手クソながら、一目見たら忘れられない顔貌をしているからで、これも個性だとずっと思っていたのだが、「日本映画俳優全集」(79・キネマ旬報社)の増補改訂版「日本映画人名事典」(96)からは「あらためて掲載する必要はないであろうと判断」され、削除された。本誌62号でちょっと書いた大邦一公も消えている。こうして忘れられていく俳優は少なくない。

5

ここ何十年か、時代劇があまり作られなくなったのは、ジャンル自体の衰退もあろうが、見るからに異相の悪役バイプレーヤーの大半が逝去し、といって代わりの俳優も出てこないこととて、プロデューサーや監督がキャスティングに往生（?）しているからではないかと思っている。製作側だって世代交代は果たされて久しいのだから、これは私だけの杞憂であってほしい。もっとも、映画一本で生活している俳優なんてもういないか。

テレビ時代劇などは（たまさか予告やチャンネルを換える際に垣間見る程度だが）私にいわせれば毒にも薬にもならないタレントの学芸会で、特に若い主役クラスののっぺり顔は薄気味悪いくらいだ。あれが当世風の「顔」なのだろうが、メイクさんは苦労しているのではないか。かつて東映京都に赴任していた知人によれば、表情、立振舞い、殺陣など「見ちゃおれん」とのことだ。世も末か（笑）。

一応のピリオドを打った『鳴門の妖鬼』を簡単に書いておけば、悪玉役は強欲非情の商人の坂東簑助（八代目坂東三津五郎）。シリーズ6作目『幽霊城の佝僂男』（55）の変装巧みな復讐鬼役に続いての出演も、「妖鬼」とは形容しがたいキャラで、怪奇性も皆無だった。生き別れになった母と娘の邂逅と再びの悲しい別れという情緒過多のお涙頂戴ドラマになっているのは、最終作とて監督が好きに演出したような印象。子役の山本千秋がよかった。

私は小学生の頃から東映の時代劇をよく見ていたので監督の名の十人くらいは今でもスラスラ出てくるわいと自負していたが、伊賀山正光という人はこのシリーズで初めて知った。キネマ旬報の「日本映画監督全集」を繰ったら、後年には東映東京で現代アクションを少なからず手掛けていることに驚いた。その何本かに接していたとも知り、自負どころか己が不明を大いに恥じている。『鳴門の妖鬼』の母と子の悲哀模様は過去に母もの（タイトルからそう形容しておく）数本がある実績から頷けるところかもしれない。

6

一九五七年の『水戸黄門』からは監督が佐々木康や松田定次ら一流陣に交代。同時に〝総天然色〟になり、それまでの2本立て用プログラム・ピクチュアから堂々メイン作品に格上げされた。怪奇色も一掃。二流どころの脇役陣も梃入れされ、助・格コンビは東千代之助や大川橋蔵ら若手人気スターが演じた。悪役だって俳優の格が違う。縁のなかった興収ベスト・テンには4位(57)、9位(59)、1位(60)にランクされるまでになった。

一方で、それら華やかな諸作と違う黄門ものが第二東映に2本ある。

その1本、『水戸黄門漫遊記・怪魔八尺坊主』(60・深田金之助)とはまた何と不気味で魅力ある題名か。黄門役の宇佐美淳也には目を瞑るとしても、助さんに南郷京之助、格さんに石井一雄、加えてモノクロ撮影ときては、何やら伊賀山時代に戻ったような案配で、懐かしさすら覚えた。これは第二東映が低予算だったからに他ならない。

――泉州堺の港祭りにきた黄門様は、八尺坊主と称する怪グループの跳梁を知る。金持ち商人の娘を次々に誘拐、身代金を手にすると、解放などせず、そのままドロンする悪辣さだ。背後にオランダの貿易商ピカール(津村礼司)が暗躍していると察知した黄門様、仲良くなった旅回り一座に同道して向かった紀州和歌山に大陰謀事件が待ち構えているという物語。

八尺坊主とはいわゆる〝大入道〟のことだが、ここでは一味の手練(てだれ)の異国の者たち六人を指し、全員坊主頭に奇怪なメイクを施し、マントを翻して断然異彩を放った。その一人ゴアに、ただでさえ異相の汐路章が、ピカールの用心棒ヤコブに阿波地大輔(ここでは本名の南修でクレジット)が扮しているのが楽しく、嬉しくもなる。

黒幕は紀州の徳川頼直(山城新伍)を抹殺し、日本征服の野望を持つ大沼伊勢守(大邦一公)と判明。身代金はピカールから新式の大砲を購入するためので、ピカールはピカールで幽閉していた「ニッポンノ美シイ娘サンタチ」を海外に売り飛ばす算段だ。

ラストは彼女らの救出から海を見下ろす岩山での白兵戦と大砲を撃ち合う大乱戦となるが、時代劇専門のはずの監督、野外での集団戦の演出に不慣れなのか、手際甚だよろしくない。援軍の到着など、遅い、遅い(笑)。ハラハラさせるより、イライラさせるだけなのは多分フィルム編集が未熟なのだ。

全編を通して旅回り一座の連中が物語を引っ掻き回し過ぎたのが最大の難。笑いを取ろうとしているのだろうが、メンバーにまったく馴染みがない身には空騒ぎにしか映じない。石井一雄は東宮秀樹の名で先のシリーズでは綱吉を演じた『怪力類人猿』や、若侍役だった『怪猫乱舞』などに出ていたが、いちいち明記しなかったのは風貌に俳優としての個性がまったくないからだ。

改名は尾上鯉之助主演『鬼面竜騎隊』(57・二部作)から。南郷もパッとしないまま消えた。東映時代劇ではどうにも好きになれなかった俳優である。もう1本、大河内伝次郎が黄門役だった『水戸黄門・天下の大騒動』(小野登)はお定まりの陰謀劇。

月形龍之介映画生活三十八年記念のオールスター作品『水戸黄門』(佐々木康監督　1957)プログラム

*

捕物帖にも『髑髏狂女』(58)『幽霊飛脚』(59=松竹「伝七捕物帖」シリーズ・高田浩吉)、『幽霊大名』(54)『雪女の足跡』(58=大映「銭形平次」シリーズ・長谷川一夫)など、不気味なタイトルが多いが、原作がミステリ仕立てだから、どうしても犯人探しと謎解きがメインになり、本稿のテーマである怪奇性を求めるのは無理かもしれないとの先入観が拭いきれない。

これは『浮世風呂の死美人』(58)『鮮血の乳房』(59)と、エロティシズムも匂っていた新東宝の「人形佐七」シリーズ(若山富三郎他)に対しても同じで、かろうじて接した『妖艶六死美人』(56)には謎解きの妙もエロ味もないに等しかった。暗く、重苦しいばかりで、やっぱりなあなどと変な得心をした次第だが、これを以てして一事が万事などと乱暴なことはいわない。

基本的には映画にせよ小説にせよ、私がこのジャンルに興味を持てないまま過ごしてきたからだろう。7本あった東映の「右門捕物帖」シリーズ(59〜63=大友柳太朗)も1本か2本しか見ていないのは総じてタイトルに怪奇性が薄いゆえである。

(にかいどう・たくや)

徹底追跡

續 捕物帖映画

最上敏信

「映画論叢」64号で代表的な捕物帖映画を挙げたがまだまだ限りなくありそうである。そこで少し見方を変えて製作配給会社毎に捕物帖らしき題名を拾ってみた。

【マキノ等持院・御室】「佐平次捕物帳第一話紫頭巾浮世繪師」「佐平次捕物帳第二話鮮血の手形前篇」「〃後篇」「佐平次捕物帳第三話山猫の眼」「侍甚七捕物帳」「紀州の落人目明し長九郎」「通り魔」「目明し佐吉の死」「佐平次捕物帳新釋紫頭巾前篇」「〃後篇」「影法師捕物帳前篇」「〃後篇」「佐平次捕物帖謎前篇」「〃後篇」「續影法師狂躁篇」までの一五本。

【マキノトーキー千鳥興業】佐々木味津三原作、久保為義監督、原駒子主演「まんじ蜘蛛」はどうやら近藤右門が主役ではなく右門の出演もなさそうである。「女左膳第一篇妖火の巻」「女左膳魔劍の巻」の二本しか見つけられなかった。

【戦前日活】「幕末大捕物帖修羅王前篇聖劍の魑魅・後篇恩愛の捕縛」「半九郎捕物帖劍」「捕物奇談狂笑」「十四郎御用篇」「夜明し新助捕物帖」「手柄の銀次」「お祭佐七」「隼捕物帖謎の手裏劍」だがまだまだありそう。

【帝國キネマ】「佐平次捕物帳髑髏の印籠」「佐平次捕物帳疑問の白髭」「佐平次捕物帖大鹽左馬太事件」の三本だが、ここですでに「帖」と「帳」が混在してある。

【新興キネマ】右門捕物帖嵐寛壽郎が一五本と浅香新八郎の三本、錢形平次捕物控も嵐寛壽郎の三本と小金井勝が一本、それに半七捕物帳の第一作「怪談津之國屋」で合計二三本である。

【河合映画】「豆六捕物帳」、「安永巷談黄總十手」、「捕物綺談燕のお瀧」の三本だけ。

【大都映画】「源八一番手柄幽靈一座」、「紅太郎捕物帖踊る一寸法師」、「紅太郎捕物帖笑ふ半弓魔第一篇、第二篇、第三篇」、それに佐々木味津三原作の「卍蜘蛛」だが、どうやらこれも右門捕物帖ではなさそうである。さらに「いろはの左近捕物帖第一話怪異雛人形」、「〃第二話夜光珠狂亂」、「〃第三話名劍受難」、「佐平次捕物帖黄金蟻地獄」、「若さま侍捕物手帖花火の舞」まで一〇本。

【寶塚映画】「天保捕物鬼譚」の一本のみ。

【極東キネマ】「佐吉捕物帳第一話閻魔寺の幽靈」、「怪幻魔」「左近次捕物帖怪奇笑ふ猫」、「〃黄金秘文書」、「〃鬼三味線」、「捕手（とりて）」の六本。

【甲陽映画】「朱房の銀八一番手柄謎の黒頭巾」、「〃二番手柄深夜の紅燭樂」の二本。

【全勝映画】「紅吉捕物帖人形傀儡師」、「お神樂長次捕物綺談河童の仇討」、「隼銀次捕物帖白龍葵頭巾」の三本。以上が戦前だ。

【東映】最初は東映の前身である東京映画配給より嵐寛寿郎の「當り矢金八捕物帖千里の虎」がある、続く「旗本退屈男捕物控前編七人の花嫁・後編毒殺魔殿」の二作は、「旗本退屈男」ならば原作は佐々木味津三である。だがこれに何故だが「捕物控」がついている。銭形平次を真似たのだろうがこの原作者は野村胡堂。ならばせめて佐々木味津三の代表作「右門捕物帖」を真似て「捕物帖」だろう、と思う。

三本目は喜劇「銭なし平太捕物帖」は花菱アチャコ主演である。続いて橋藏の十八番「若さま侍シリーズ」が開始され全一〇作になる大ヒット捕物帖となった。さらに一九五三年の松竹で「ひばり捕物帳唄祭り八百八町」があったことを思い出した。東映は、美空ひばり主演で「ふり袖捕物帖若衆変化」「ちりめん駕篭」を製作、阿部川町のお七じつは妙姫役がドンピシャに決まり題名もひばりに替えて「ひばり捕物帖かんざし小判・自雷也小判・ふり袖小判・折鶴駕篭」の四作となる。中でも東千代之介が三作目から「佐々木兵馬」と名乗り以後全作で活躍して二人の名コンビ作品となった。

そこに東映娯楽版のスター伏見扇太郎も尾上鯉之助共演で「龍虎捕物一番手柄百萬両秘面」「―二番手柄疾風白狐党」が加わって大友の右門全七本と若山富三郎の人形佐七の六本が続く。珍品は中村錦之助主演で横溝正史原作「お役者文七捕物暦蜘蛛の巣屋敷」でめくらの按摩と半面アザのある編笠浪人に扮してお役者文七を演じている。

御大登場。片岡千恵藏主演「半七捕物帖三つの謎」である。何度も書いているが、岡本綺堂原作ならばここは「捕物帳」のハズで、佐々木味津三原作の右門にあやかりたいのか「捕物帖」である。単なる題名をうっかり誤ったのかと思ったが映像を確認すると完全に「捕物帖」となっていた。

新人の沢村訥升主演で「ふり袖小姓捕物帖蛇姫囃子・血文字肌」の二本は完全に空振り。松竹の大看板、傳七を背負って移籍した高田浩吉であったが、二本しか続かず、新作「お役者変化捕物帖弁天屋敷・血どくろ屋敷」と二連打したが惨敗。最後の望みを「素浪人捕物帳闇夜に消えた女」に託すも題名を「捕物帳」としたためか完敗！その後、里見浩太郎と大川橋藏の二本の銭形平次で東映の捕物帖映画は終了した。全部で東映の捕物帖映画は四六本である。

【東宝・新東宝】戦前のＰＣＬ東宝「小唄捕物帖第一話江戸の白鷺」が恐らく最初の東宝の捕物帖かもしれない。そして新東宝が戦後最も早く「捕物帖」に注目した製作配給会社であろう。長谷川一夫の「銭形平次捕物控平次八百八町」で戦後初の平次を映画化したかと思うと、黒川彌太郎で「若さま侍捕物帖」を二本、嵐寛寿郎の「人形佐七捕物帖通り魔」を、さらに坂東鶴之助で再び「若さま侍捕物帖」一本、人形佐七捕物帖は若山富三郎の代表作として五本がある。新東宝映画が多く感じられるのは、改題短縮版として再映を一三回も繰り返したことによる。

東宝は戦前に中川信夫監督、だるまの八兵衛に扮した高瀬實乗主演「日本一の岡っ引」がある。戦後初は新東宝製作、東宝配給「歌うエノケン捕物帖」。続いて阪東妻三郎・大河内傳次郎共演「佐平次捕物控紫頭巾前編・後編」それに長谷川一夫主演の第一作「銭形平次捕物控平次八百八町」が公開。嵐寛寿郎の「右門捕物帖」は、東宝で六本、新東宝で六本の合計一二本。続く東宝作品を列挙する。「トンチンカン捕物帖まぼろしの女」「お嬢さま捕物帖恋の捕縄」「天晴れ一番手柄青春銭形平次」「お笑い捕物帖八ッあん初手柄」「人形佐七捕物帖めくら狼」「お笑い捕物帖」の六本である。

新東宝は黒川彌太郎主演で「若さま侍」二本と坂東鶴之助でも二本の若さまがある。人形佐七は嵐寛寿郎で「人形佐七捕物帖通り魔」があり後に若山富三郎で五本、中村竜三郎で二本の合計八本。残りの二本は、「びっくり捕物帖女いれずみ百萬両」と「嵐寛寿郎三百本記念映画影法師捕物帖」だけ。ほかは改題短縮版の再映だが列挙してみた。「嵐寛寿郎・金語楼捕物帖謎の必殺剣」「若さま侍捕物帖恐怖の仮面」「正邪の魔剣」「若さま侍捕物帖まぼろしの恐怖」「若さま侍捕物帖謎の折鶴頭巾」「右門捕物帖謎の妖艶寺」「まぼろし狐」「長谷川一夫の錢形平次捕物控平次八百八町」「嵐寛寿郎の右門捕物帖謎の血文字」「二人若様浮世絵騒動」「腰抜け捕物帖女肌騒動」の一一本で、東宝一七本、新東宝二〇本の合計三七本。

【松竹】松竹の捕物帖は、全部で二六本。その内の半分の一三本は、高田浩吉主演で傳七捕物帖が一一本、戦前だが「大岡政談隼組捕物帖」(大岡ものだがタイトルに捕物帖がある)と、戦後は「吃七捕物帳一番手柄」だけである。戦前には、錢形平次捕物控が五本あり、關操主演一本、海江田譲二で二本、川浪良太郎主演二本である。「捕物時雨傘」「平七捕物帳第一話勘平の死」を加えると戦前の松竹の捕物帖は八本。戦後は「鮮血の手型左近捕物帖」と、北上弥太郎主演の「若君罷り通る」「長七郎捕物帳若君逆襲す」(二本の松平長七郎は捕物帖ではない、と思ってはいるが題名に従った。)、「ひばり捕物帳唄祭り八百八町」と瑳峨三智子主演の「お夏捕物帖月夜に消えた女」「お夏捕物帖通り魔」の二本だ。

【大映】長谷川一夫の十八番である「錢形平次捕物控」全一七本が最も有名である。それ以外では、まず戦前に嵐寛寿郎主演の右門捕物帖全三八本中の二六本目で「御存じ右門護る影」としたが、これを後に改題をして「右門捕物帖護る影」として再映している。戦後最初の作品も嵐寛寿郎主演でにやりの文七「狙われた女」である。この題名にサブタイトルとして「陽氣な捕物帖」としている資料もあるが映像にはない。次に黒川弥太郎主演で新シリーズを製作したがどうやら失敗したようだ。題名だけをみると「投げ唄左門一番手柄死美人屋敷」「投げ唄左門二番手柄釣天井の佝僂男」「投げ唄左門三番手柄覆面髑髏隊」の三本である。実はその続篇「投げ唄左門四番手柄地獄谷の花嫁」までも完成したのだが、不評のせいか題名からサブタイトル「投げ唄左門四番手柄」が外されて「地獄谷の花嫁」だけとなったのは余り知られていない。最後はクレージーキャッツ犬塚弘主演の「ほんだら捕物帖」。当時クレージーはメンバー毎に製作配給会社

『半七捕物帖　三つの謎』広告（朝日新聞　昭和35年10月15日）。岡本綺堂原作だが「捕物帖」となっている

が決められ、ハナ肇が松竹、植木等の東宝、東映は谷啓、そして犬塚弘が大映と邦画五社に分けられていた。

以上、これらの題名を見て判ったことは、原作のヒーロー像にピタッとはまったスターが演じた映画はヒットをするが、なんとかそれを越えた作品をと何度となく試みるのだが、観客には通じなかったようである。

ここで話がガラッと替わるが、永田哲朗氏の「大岡越前守」（論叢64号）に刺激を受けて、途中ではあるが、映画の中で何人の俳優が「大岡越前守」を演じたかを探した。

トップは丹下左膳との二役で演じたから多いのであろう大河内傳次郎一一本、次は月形龍之介九本、六本の坂東好太郎が続き、五本が嵐璃徳、市川右太衛門、市川小文治、藤間林太郎、進藤英太郎の五人で、四本が松本榮三郎となる。さらに市川小太夫、澤村國太郎、葉山純之輔、片岡左衛門、金井豪太郎、近衛十四郎、嵐寛壽郎、は三度演じたことを確認した。二度演じたのは、澤村四郎五郎、片岡童十郎、岡田喜久也、浅香新八郎、大城喜八郎、河部五郎、堀正夫、高田浩吉、松本幸四郎、深見泰三、黒川彌太郎、花菱アチャコ、藤田進、山形勳、中村錦之助である。一度演じた人は当然洩れもあるだろうが、中村佳玉、明石緑郎、松本泰輔、阿部九州男、小堀誠（大映「素浪人罷通る」）、島田竜三、三島雅夫、松村光夫、光岡龍三郎、市川幡谷、市川八百藏、小金井勝、羅門光三郎、杉山昌三九、尾形章二郎、中山介二郎、辰巳好太郎、結城一郎、嵐徳三郎、藤野秀夫、谷崎十郎、尾上榮五郎、林長二郎と長谷川一夫、海江田譲二、柳永二郎、加藤剛、柳家金語楼、大友伸、伊澤一郎、岡譲二、片岡千惠藏、徳大寺伸、若杉恵之介、河原崎長十郎、大川橋藏（東映「血文字屋敷」）、東千代之介、大友柳太朗である。調べた映画は、不明を含めて一六三本で六八人の名前を確認。例えば尾上松之助などは、恐らく何度か演じたであろうが確実な資料が見当たらない。

これで多くの捕物帖映画をご紹介した筈であるが何かスッキリしない。そ

の理由が判明した。当然ながらこれら捕物帖の多くは体制側から見たヒーロー達なのだ。反対側の題材としては義賊、盗賊、怪盗がいる。

「知らざあ言って聞かせやしょう。濱の真砂と五右衛門が歌に残せし盗人の種は尽きねえ七里ヶ濱、その白浪の夜働き」から始まる辨天小僧菊之助、日本駄右衛門、忠信利平、赤星十三郎、南郷力丸の白浪五人男。

戦前ではマキノトーキー「白浪五人男」日活「白浪五人男」など。戦後東映は千恵蔵の金四郎に大友、東、錦之助、明智、堀の五人男が絡む「勢ぞろい喧嘩若衆」と「ひばり十八番弁天小僧」。大映「弁天小僧」東宝で「白浪五人男天下の大泥棒」松竹「辨天小僧」などがある。

「悪に強きは善にもと世の譬えにも言う通り親の嘆きが不便さに娘の命を助けようと腹に企みの魂胆を」での河内山宗俊、金子市之丞、片岡直次郎、森田屋清蔵、暗闇の丑松、三千歳の天保六花撰。戦前では、マキノ勝見プロで「河内山と直侍」新興キネマで阪妻が河内山、金子市、直次郎の三役を演じた「快侠河内山宗俊」。松竹「直侍」戦後東映は大友の「天保六道銭平戸の海賊」、右太衛門の「天保六花撰地獄の花道」、橋蔵の「大江戸評判記美男の顔役」。大映「花の遊侠伝」「すっ飛び駕」戦後日活「初姿丑松格子」松竹「直侍」「殴られた河内山」「愉快な仲間」新東宝「天保六花撰やくざ狼」が有名どころである。

「月も朧に白魚の篝もかすむ春の空、冷てえ風も微酔に心持よくうかうかと浮かれ烏の只一羽、塒に帰る川端で」のお嬢吉三、お坊吉三、和尚吉三の三人吉三。東映は千恵蔵が「お坊主天狗」「〃後篇」「お坊主天狗」と三度演じた。「ひばり十八番お嬢吉三」もある。松竹「お嬢吉三」「お坊吉三」。

怪盗といえば代表的なのが石川五右衛門と鼠小僧次郎吉がいる。石川五右衛門ならば、大映市川雷蔵が「忍びの者」で八回演じて三回だけ役名は石川五右衛門だが残りの五回は霧隠才蔵や霞の小次郎である。鼠小僧次郎吉も結構ある。松竹阪妻プロの「鼠小僧次郎吉」。大河内傳次郎は戦前日活で「鼠小僧旅枕」「御誂次郎吉格子」「鼠小僧次郎吉江戸の巻・道中の巻・仁義の巻」の五本。片岡千恵蔵は日活千恵プロで「初祝鼠小僧」、市川右太衛門も松竹右太プロで「御用唄鼠小僧」。と一度は挑戦するようだが、嵐寛壽郎と月形龍之介は一本もない。林長二郎は「鼠小僧次郎吉」「〃解決篇」の二本だが、長谷川一夫では、松竹「治郎吉格子」と大映「鼡小僧忍び込み控」「〃子の刻参上」と全部で五度演じている。

「映画論叢」63号で遠山金四郎を演じた俳優五三名、一一三本をご紹介し、64号では代表的な捕物帖映画である「半七捕物帳」「右門捕物帖」「錢形平次捕物控」「若さま侍捕物帖」「傳七捕物帖」「人形佐七捕物帖」を並べた。短期間で映画の題名を調べることは困難で洩れもかなりありそうである。ここで一旦「捕物帖映画」を終了する。

（もがみ・としのぶ）

《映画の見かた》の見かた㊼

映画批評の熱について

重政隆文

映画会社から映画マスコミに配られるプレスシートを丸写しする映画ライターなど今はいないと思う。それでも似通った褒め言葉を用いて宣伝文を書く人はいる。その人たちは仕事で書いているだけなので、どうしても書きたいといった熱をその文章からは感じない。放置するしかない。

しかし、だらけた人たちばかりではない。一方で、これだけは書かずには死ねないと思わせる、熱がパンパンに入っている文章を書く人がいる。谷岡雅樹である。これ以上書くと空回りしてしまいそうな激しい口調の時もある。その谷岡が『Vシネマ最期の弾痕』（2022年10月、ぺりかん社）を出している。

ただし、谷岡が取り上げるのはタイトルにあるように、主にVシネマ（この言葉は正確には東映ビデオの物に限るが、ここでは総称として使う）諸々の作品なのである。比較対象として劇場用映画も批判的に取り上げるが、情熱を込めるのはVシネマの方なのだ。それぐらいVシネマに肩入れしている。

Vシネマという言葉は現在、死語に近づいている。谷岡は孤軍奮闘、Vシネマを擁護する。

> Vシネマとは何か。一九九〇年代に狂い咲いた徒花のような、映画と呼ばれない映画のことだ。劇場公開されないことから「映画ではない」とされてきた。だが映画である。実際にはアリバイ作りも含めて劇場公開されたものも多い。紛れもなく映画であった。レンタルビデオ店が消え、ネットシネマが現れ、その存在があったことさえ忘れ去られ、関わった人間たちは、無数の非業の顛末を辿っていった。この本は、今さらながら、彼らへのレクイエムである。（13頁）

残念ながら、私はVシネマを映画とは認めたくない。スクリーンに映写されてこそ映画だと考えている。劇場公開されないなら映画ではないと思っている。谷岡のように「だが映画である」とは考えない。

もともと私はモニターで「映画」を見るのが嫌なのだ。だから、劇場公開を前提としない、レンタルビデオ用に製作されるVシネマのほとんどは見ていない。時折、「アリバイ作り」として劇場公開されることは、谷岡が言うようには多くはないと思うが、ある。それらはだいたい見ている。

谷岡はVシネマを劇場用映画と対等にとらえたいようだ。しかし、Vシネマ業界は「劇場公開作品」という言葉を箔付けとして実際に使ってきたから、やはりVシネマ自身が、劇場用映画より格下であると認めているのだろう。

実際、この本にはVシネマに関わった人たちの、格下であるがゆえに、特に経済的に困窮する様子がしばしば記される。俳優や監督たちは、Vシネマの外になかなか広がっていけない。この本には、Vシネマも動画配信も見ない私にとって未知の俳優や監督たちがたくさん出てくる。もちろん、劇場用映画から撤退してVシネマに移った、私のよく知る俳優たちもいる。

Vシネマ業界内でうまくいっているのはごくわずかだ。業界の外に脱け出た黒沢清や三池崇史は例外的な存在なのである。この本を書いた谷岡自身もVシネマの原稿書きでは食べて行けず、別の仕事に就いたと書いているぐらいである。谷岡は沈没する船に最後まで留まり、最後の姿を見届けながら、船から降りる船長みたいな存在になっている。

ビデオレンタル市場はその後、どんどん縮小し、動画配信にお客を取られることになった。その結果、Vシネマ業界も縮小傾向にある。

世間での映画の受け取られ方に関して、谷岡は一種の格付けをしている。ジャンルを小分けした中にも格差があるという。

> ロマンポルノは、一般映画から見ると、いかにも安手の後ろ暗いエロ目的の客相手のいかがわしい商売である。そのロマンポルノにしても、日活以外の中小の制作会社が作るピンク映画から見ると優等生というわけだ。ピンクにしても、AVやVシネマからすると､立派な映画である。そこにはヒエラルキーがある。つまり、ピンクはロマンポルノの下で、AVやVシネマはさらにその下ということになる。(37頁)

Vシネマは AVと同じく、映像の世界の底辺に位置する。そのような状況に谷岡は腹を立てている。私はこの序列をあまり信用しない。ジャンルで考えるのではなく､作品の出来で考える。常にではないが、だいたい予算規模、撮影期間、撮影環境などによって作品の格が決まってくると思っている。谷岡が挙げている格差の順番はこれらの条件の良いものから悪いものへの順番とかなり一致している。

実際に作品を見れば、条件の悪さが作品の貧弱さにつながっているのが分かる。いくら情熱を込めて描こうと思っても、環境があまりにひどければ作品の出来に反映してしまうのだ。悪環境ではいい作品が生まれにくい。

実際、ロマンポルノはなくなってしまった。ピンク映画上映館はどんどんなくなっていっている。『花腐し』(2023年、荒井晴彦監督)でも、映画を撮るチャンスの回ってこないピンク映画監督が生活に困りながら、出口を探している姿が描かれている。

もちろん、ヒエラルキーの一番上の一般映画においても、長年にわたって映画を撮れない監督、出演できない俳優はたくさんいる。どの業界でも大なり小なり、同じ状況なのだ。

竹内力の「ミナミの帝王」シリーズや哀川翔のVシネマ作品も、劇場公開されたものは私も見ている。見ていて、作品からやはりお手軽感みたいなものがにじみ出てくる。粗製乱造される安物のテレビドラマのように感じるのだ。

谷岡の本で初めて、『岸和田少年愚連隊　カオルちゃん最強伝説』（2001年、宮坂武志監督）がVシネマであり、その後、シリーズ化されていたことを知った。一作目『岸和田少年愚連隊』（1996年、井筒和幸監督）は松竹が条件を整えていたせいもあって傑作だと思ったが、劇場公開される続編が続くたびに質を落としていったように感じている。

黒沢清の「勝手にしやがれ」シリーズもVシネマだったことをこの本で知った。各作品は場末ながら大阪でも次々と劇場公開されていたので私は見続けてきた。それでもやはり作品的にはお手軽感が強く、後の黒沢監督の劇場用作品の質感とはまったく違うと思わざるを得ない。

なお、黒沢清の応援団をやっている蓮實重彦の不見識はなじっていい。蓮實は1996年の『映画芸術』誌上で「勝手にしやがれ」シリーズにかこつけて次のような発言をしたという。「今世界に一年に五本撮れる監督が何人いるかというと、いないんです。おそらくインドにもいないでしょう。そのことをやってしまった黒沢清の歴史的意味は驚くべきものがあり、その点で彼は反歴史的ですね」。いつもながらのハッタリ発言である。谷岡は反撥する。

> この程度の数の作品を撮っている作家は当時、日本に、それも黒沢清のすぐ近くに、ゴロゴロいた。この年の黒沢清は、いずれもVシネマ『勝手にしやがれ』四本と『DOORⅢ』の計五本であるが、この年だけでも、例えば松井昇が八本、神野太が七本、村田忍と三池崇史が六本撮っているし、三池の助監督から昇進した辻裕之はのちコンスタントに毎年毎年一〇本以上を撮っている。（60頁）

本数をたくさん撮ったからといって、特に褒めたたえる必要もないが、それにしても、蓮實は黒沢のシリーズがVシネマと知らずに発言したのだろうか。知っていて知らないふりをしていたのなら嫌味である。

ロマンポルノもピンク映画も、一部のVシネマも映画館でかかれば映画である。多くのVシネマやAVは映画館でかからないから、「映像」とは呼んでもいいが、「映画」とは呼びたくない。テレビドラマはもちろん映画ではない。ドラマの映画版はどんなにつまらなくても映画である。

では谷岡は、純粋に作品としてVシネマに高い評価を与えられるのか。近年、Vシネマが動画配信されるようになって、接する人が増えたことを喜んでいる。

> コロナ禍で家に引きこもり、彼らは、雑な人間たちをネットで発見した。テレビや映画にはない新鮮な、しかも低予算で安っぽくチャチな作りなのに、その演技力は凄まじく、かつ培ってきたチーム力、家族的なかつての映画の撮影所の大部屋が持

っていた力、スタッフを含めた分厚い総合力、それらを初めて目にして、参ってしまったのだ。(93頁)

この「低予算で安っぽくチャチな作り」というのが、Vシネマの数少ない劇場公開作品を見た時の私の印象に通じる。もし、本当にチーム力や大部屋俳優たちの活躍、充実したスタッフの仕事が画面に表れているのなら別だが、メジャーの撮影所でさえ困難になっていることをVシネマはやっていけているのだろうか。

谷岡は『キネマ旬報』ベストテンの選考委員をしているが、キネ旬がVシネマを映画と認めず、データベースに載せないことに異議を唱えている。

キネマ旬報社が運営していると思われるネットのKINENOTEで「勝手にしやがれ」を検索すると、黒沢清の6本、ゴダールの1本が並んで載っている。公開されているからである。おそらく基準は劇場公開されているかどうかだと思う。

しかし、谷岡の言葉とは裏腹に、「男はつらいよ」シリーズを作品数では抜いているVシネマ「日本統一」シリーズもKINENOTEには載っている。監督は先に名前の出た辻裕之だ。一部、劇場版として劇場にかかったことは目にした。シリーズ59本に加え外伝作品ともども未公開作品も載っている。劇場公開されていなくてもデータとして記録されている。

同じく「男はつらいよ」の本数を超えた「ミナミの帝王」シリーズ、先に挙げた「カオルちゃん」シリーズも載っている。劇場公開されたもの以外も未公開作品として載っているのだ。

この本にはVシネマ周辺にうごめく恨みつらみが詰め込まれている。谷岡は不満や怒りにどっぷりつかっているのだ。そこで映画監督・小平裕がその谷岡を少し諫めている。

「谷岡ちゃん、ペンに訴えるのは良いけど、怒りにまかせて熱がこもり過ぎると、その内容がいかに正鵠を射ていたとしても、読者はその熱に拒絶反応を示し、正確に伝わらないことがある。釈迦に説法だけれども、そのことは肝に銘じといた方がいい。あなたの場合は特にそうだ。いったん冷やしてから書くのも手だよ。とはいえ、冷えてしまうと、勢いも無くなるし、何より書く動機自体が薄れていく。本当の動機は綺麗事では済まないものだからなァ」(249〜250頁)

そういえば、Vシネマの主な客層はかつて男性サラリーマンだったようで、そのせいで、アクション映画、エロ映画方面に偏っていた。劇場公開されたものにはエロ関係はなかったように思うが、この偏りもVシネマ衰退の一因ではないかと考える。

残念ながら、Vシネマは劇場公開されるものを除いて私は見ないだろう。しかし、谷岡雅樹の本や文章は今後も読む。熱くて面白いからだ。

(しげまさ・たかふみ)

映画化できない、のは何故か？
三上於菟吉の探偵小説

湯浅 篤志

初めての映画化、「日輪」

大正から昭和にかけて活躍した大衆文学作家に三上於菟吉がいる。三上於菟吉は、大正一三（一九二四）年七月二八日から一二月三一日まで『時事新報』に連載した新聞小説「白鬼」で流行作家の地位を築いた。そのときの挿絵は日本画家の大橋月皎が書いたものであり、迫力ある登場人物の姿は「白鬼」のハードボイルドな内容と相俟って人気を博していた。

主人公の細沼は、美貌の青年であり、仕事もでき、ニヒルなトークを武器に女たちを手玉に取り出世する。ピカレスク小説の一つだったのだ。単行本になるときには「シロオニズム」というキャッチコピーも作られ、当時流行していた谷崎潤一郎の「ナオミズム」の向こうを張った。そうした事実から三上於菟吉の作る物語には、読者に訴える視覚的な格好良さがあったといえるだろう。

映画会社のほうも、このような作品に目をつけないはずがないが、なぜか映画化されてこなかった。三上於菟吉の作品で最初に映画化されたのは、大正一五（一九二六）年一月一日付の『大阪毎日新聞』『東京日日新聞』から連載された「日輪」であった（同年七月二一日付まで掲載）。

いわゆるモダンガールを主人公として、新旧思想のぶ

『炎の空』。妖艶な南條笙子役の柏美枝（『芝居とキネマ』昭和２年10月号）

59

つかりあいを描いた作品である。当時流行していたモダンガールを、美しい女優で映画化するのにふさわしい作品であったのだろう。

映画『日輪』は、二つの映画会社で製作（競作）されていた。当時は、新聞社が販路拡張のために、連載小説を二、三社に競映させたことがあった。連載された小説表題の下には「禁無断撮影興行」などと記されていた。

一つめの『日輪』は、聯合映画芸術家協会が作ったもので、脚色、監督が伊藤大輔、撮影が河上勇喜であり、長沼新兵衛役に東明二郎、同徳恵子役に夏川静江、小間使いのきみ役に日夏百合江、青木伸吉役に金井謹之助、戸田亮平役に高堂國典、城木有策役に吉村哲哉、中條貞雄役に大木清だった（「主要日本映画批評」『キネマ旬報』大正一五年四月一日号より）。前編は大正一五年三月二一日から京都マキノキネマ、ほかにマキノ系各館で封切られている。中編は七月八日、後編も同月一四日に、いずれも新聞連載が終わるよりも早く上映されていた。

この映画について、山本緑葉は前掲「主要日本映画批評」の中で、「原作は到底映画に成る素質を持たないものだが「第二の接吻」で腕を見せた伊藤大輔氏の監督に一脈の期待を持つて本篇に接したが金をかけない割に襤褸を出さないと云程度に止まり。映画劇に適せざる原作を立派に映画化したとは云ひ得ない」としていた。ただ「新聞連載中の小説を先占権を得て製作した点だけでも新聞の読者を吸収する事が出来る」とあって、新聞小説で人気のある作品を映画にすることが、新聞社にとっても映画会社にとっても、とにかく必要だったという事情が見えてくる。

日活の『日輪』

二つめの『日輪』は、日活大将軍で製作された映画である。脚色と監督が村田實で、帰朝第一回の現代物作品であった。村田は、大正一四（一九二五）年七月に渡欧し、翌一五年一月に帰国していた。撮影は青島順一郎、舞台設計は村山知義、舞台装置が亀原嘉明だった。

主人公の徳恵子役に岡田嘉子、父の新兵衛役に山本嘉一、その妻役に牧きみ子。城木役には中野英治、青木役に高木永二、中條貞雄役に東坊城恭長、戸田役に根岸東一郎、芸妓八重香役に西條香代子、今野役に南部章三、女工お咲役に浦邊粂子、依田老人役に笹谷源三郎、牛島役に佐藤圓治だった。

『日輪』(日活)の撮影風景。右から山本嘉一、岡田嘉子、村田實（『劇と映画』大正 15 年 6 月号）

略筋は以下の通り。長沼徳恵子は父の政略のための結婚を嫌い、恋人の城木と共に家出することを相談した。城木は、長沼家の門番代わりを勤めていた父親と別れてから、この家で面倒を見てもらっていた立場だった。彼は主人に対する義理のため、徳恵子と家出することを拒絶した。徳恵子は彼の意気地無きを罵ったが、悪運転手の青木に騙されて家出をする。いろいろな社会の困苦に遭遇した結果、徳恵子と前後して主家を追われた城木とめぐりあい、真の愛が二人を永久に結びつけることとなった。前編が、五月二一日から浅草三友館、神田日活館で、後編は六月四日から同じ映画館、ならびに赤坂溜池葵館で上映されている。

この日活作品には、二つの特徴があったようだ。一つめは、岡田嘉子の演技が上出来だったということ。「我が国映画界に得難き女優の一人である」と評された。二つ目は、村田實監督の演出方法である。西欧映画の模倣のようであり、「一つの大写にしても、オーバーラップにも、カメラポジションにも、相当の考慮が払われてゐる」とあった。渡欧の効果が出たのであろうか。また、村山知義が舞台設計を担当。マヴォ式のやり方で郵便局やカフェが造形されていたのだが、しかし、奇抜さが認められる程度であり、あまり印象に残らなかったらしい。

作品そのもの感想としては、「新聞連載物」で「殊に都下の人気を集中しつゝある物であるから、客を呼ぶにも容易でもあるし、岡田嘉子嬢の演技と村田實氏の新しき表現方法で必ず観客を満足させることも出来やう」と述べられていた（鈴木重三郎「主要日本映画批評」『キネマ旬報』大正一五年七月一日号より）。新聞連載でヒットしている小説だから、映画化すれば観客を集められるという考え方なのだ。

　こちらのほうが、聯合映画芸術家協会製作の『日輪』よりも評判が高く、『キネマ旬報』大正一五年度の映画ベストテン第二位に輝いている。ちなみに、第一位が『足にさはつた女』（日活、沢田撫松原作、『週刊朝日』連載、阿部豊監督、岡田時彦、梅村蓉子など出演）、第三位が『陸の人魚』（日活、菊池寛原作、『大阪毎日新聞』『東京日日新聞』連載、阿部豊監督、砂田駒子、梅村蓉子など出演）であった。

　要するに、新聞に連載されている話題の小説ならば、映画化されてもおかしくはないということで、三上於菟吉の作品が選ばれたといえるだろう。その内容が「映画劇」としてむずかしいとしても、監督の手腕で女優の魅力を見せることができるのならば、映画製作が成り立った。それゆえ、冒頭で述べた「白鬼」は新聞小説としてヒットはしたけれども、主人公が女性でなかったゆえに敬遠されたのかもしれない。

時代物映画『敵討日月草紙』

　しかし「日輪」は現代物だからヒットしたのであって、時代物になると話が違うのかもしれない。三上於菟吉の時代物作品で、初めて映画化されたのは、『週刊朝日』に大正一四年一〇月から翌一五年四月まで連載された『敵討日月草紙』である。日活製作で、監督は波多野安正、脚色は松本淳、撮影は渡会六蔵だった。主要なキャストは、双子の榊右近、左近役で片岡松燕、青木隼人正役で実川延一郎、広津甲斐守役で大谷鬼若、町与力山田仙之助役で尾上卯多五郎、女房のお銀役で乃木照子、流のお滝役で沢村春子、塩町の鉄次役で中村吉十郎、鉄次の女房役で小松みどりだった。

　略筋は次の通り。幕末、西欧各国の事情に通じ外人と交通のある開国派の榊主水を欺き、彼の学術と知識を利用して、表面は進歩的開国主義を装い、外商と密貿易を営んで巨利を得ていた六人組と町人の一団があった。彼らはその秘密がバレるのを怖れて、主水を毒殺してしまう。主水の遺児、双子の左近と右近は父の仇を取ろうと、六人組へ脅迫状を送った。双子の復讐手段は亡父の学術を利用した方法であり、六人組の肝を非常に寒からしめた。六人組の首領は青木隼人正であり、七千石の旗本であった。その配下には巷間白面鬼と呼ばれた町与力の山田仙之助がいて、彼は双子の行方を捜していた。しかし榊兄弟は神出鬼没だった。白面鬼たる与力との争闘、お瀧の出現、塩町の鉄次の混乱は、はたしていかなる解決を与えるであろうか、と（「各社近作日本映画紹介」『キネマ旬報』大正一五年二月一一日号より）。

なかなか面白そうな内容であるが、それもそのはず、アメリカの作家ジョンストン・マッカレー『双生児の復讐』からヒントを得た作品と言われているからだ。『映画と演芸』大正一五年五月号における「(敵討) 日月草紙」のスチールを使った紹介には、そのキャプションに「マツカレー氏の作「双生児の復讐」を翻案した趣のある」とあった。

『敵討日月草紙』。片岡松燕（左）と沢村春子（『映画と演芸』大正 15 年 5 月号）

前編が東京浅草公園の富士館などで三月五日～一一日まで、後編は、大阪千日前の常盤座で五月六日～一二日、神戸新開地の錦座で五月二〇日～二六日まで、それぞれ上映されていた（「各地主要常設館番組一覧表」『キネマ旬報』大正一五年三月二一日号、五月二一日号、六月一日号より）。

このように、時代物ならば、男が主人公でも、内容が大衆にウケるものならば、映画化されるチャンスがあったのである。「敵討」というジャンルは、当時は映画でも娯楽雑誌でも大人気だった。また大正一五年当時は、時代劇映画がたくさん製作されたという状況もあるだろう。田中純一郎は「時代映画全盛　日本映画への回顧的希望」（『東京日日新聞』大正一五年一二月三日付）の中で、「本年度に入つて、日本映画の上に著るしい傾向を見せたものは、映画の製作方針が上層向きと下層向きとの二方面へ区別されたことと相変らずの時代劇全盛である」と述べていた。このように映画界のトレンドが影響していた可能性がある。

しかし、現代物の大衆小説で男性が主人公の場合、映画化の割合は多くなかった。「白鬼」と同時期に書かれた三上於菟吉の初めての長編探偵小説「血闘」（『雄弁』大正一三年一一月号～大正一四年九月号、ヒラヤマ探偵文庫24で書籍化されている）も、映画化するのにふさわしいプロットで構成されているのにもかかわらず、映画化されていなかった。

　関東大震災のビル崩落で、老実業家の大河信兵衛が亡くなった。その息子、主人公の大川芳一がアメリカからの帰国の途中、客船内で出会ったアメリカ浪人の細沼の助けを借りて、大川の会社乗っ取りを企む山口詮一や手下の鉄血団の堀江などと戦う、男同士の争闘物語だった。紅一点、藤村なみ子の探偵的な活躍は、事件解決へ向けて大切な役割を果たしているが、大きなストーリーとしては機能していない。しかし、登場人物全員の個性が視覚化されていて、そのキャラクターのぶつかりあいが物語の原動力になっている構成だった。まるで映画化するために書かれたような探偵物語だったのだ。

映画「炎の空」の場合

　だが、それでも、映画化されずに終わってしまった。やはり現代物では女性が主人公でなければダメなのであろうか。そのようなときに、目をつけられたのが、三上於菟吉の「炎の空」（『東京日日新聞』『大阪毎日新聞』大正一五年一一月二六日付〜昭和二（一九二七）年一〇月二八日付・全二二三回・林唯一挿絵）である。この作品は、探偵小説ではないが、犯罪小説風味をもった作品であり、しかも男と女のダブル主人公の作品であった。その二人の関係が、周りの人間を巻き込み、愛憎を繰り広げ、人をあやめる狂気を導くことになる。さらには昭和初期の不景気、銀行の取り付け騒ぎ、剣呑なる労働争議などの時代状況もストーリーに活かされていた。読者の関心をわかりやすく惹くための社会素材に満ちあふれた物語だったのだ。これが映画化されないわけがないだろうというくらいの構成であり、早速、松竹蒲田が、昭和二年秋の文芸映画の一つとして映画化に踏み切っている。

　脚色は北村小松、村上徳三郎。監督は清水宏。撮影は佐々木太郎だった。南條笙子役に柏美枝、兄の秀夫役に石山龍嗣、小野一郎役に奈良真養、俵堂子爵役に小村新一郎、岡村陽太郎役に岡田宗太郎、田伏信吉郎役に水島亮太郎、大川麗子役に八雲恵美子、娘の千恵子役に藤田陽子、井上露子役に佐々木清野だった（「各社近作日本映画紹介」『キネマ旬報』昭和二年九月二一日号より）。

　一〇月一四日から二〇日まで、東京浅草公園の電気館、大阪道頓堀の朝日座、神戸新開地の聚楽館、京都新京極の歌舞伎座などで、一〇月二〇日から二六日までは名古屋大須門前の貴界館で、また一〇月二一日から二七日までは、東京新宿追分の新宿松竹館でそれぞれ上映されていた（「各地主要常設館番組一覧表」『キネマ旬報』昭和二年一〇月二一日号、一一月一日号より）。

前掲の「各社近作日本映画紹介」から略筋を紹介してみよう。南條笙子は、兄秀夫の親友新聞記者の小野一郎と恋仲であった。しかし、小野が二年間の海外勤務の間に、心はすっかり彼から離れてしまった。今は岡村印刷工場の当主、岡村陽太郎の許に淫蕩な生活を続けていた。一方、愛人に裏切られた小野は新聞社を辞めてしまい、鬱々と暮らしていた。

ある日、彼は同じアパートの田伏信吉郎のために虐げられている大川麗子を救った。彼女の発熱した一夜を懸命に看護したことから、二人は急速に接近していく。麗子は親しくなった小野にすべてを語った。彼女の恋人は、六年前に死刑にされた、ある極悪な重大犯人であった。二人の間に生まれた千恵子を娯育園（育児園）に預けながら、生活のため田伏の会社に勤めていた。その秘密を知った田伏はそれを楯に自分の意に従わせようとしたのだ。彼女に同情した小野は、今後も助力することを誓い、彼女を退社させ、千恵子を連れ戻させて、郊外の家に貸間を借りてやった。

さて、小野を捨てた笙子であるが、岡村の援助をうけてホテル内で豪奢な生活をしていた。彼女の胸にはやがて岡村を我が物にしようとする、恐ろしい陰謀が秘められていた。けれども岡村はそんなこととは知らずに、許嫁の井上露子がいるにもかかわらず、笙子との不倫の恋に溺れていた。

『炎の空』（松竹）の雑誌掲載ポスター（『キネマ旬報』No.276）

一方、田伏は麗子をあきらめきれず、彼女の居場所を突きとめるために、小野のいないときを見計らって、彼の家にいる老婆から聞き出した。帰宅した小野は、すぐさま麗子の許に急いだ。田伏と出会い、争闘のすえ、理性を失った小野は田伏を殺してしまった。田伏の行方不明は、田伏の会社の入る有楽ビルディングの怪事件として帝都に喧伝された。

笙子のほうは、岡村と共に湘南の地へ向かう途中、車内で見た青年紳士の美貌を忘れられず、かねてから噂に聞く俵堂子爵であることを知った。恋しさが増してきて、岡村が帰京後、ひとり別荘に残った。彼女の心は急速に子爵に移っていった。

田伏殺人事件の後、何も知らない麗子は小野の好意により、小さな文具店を開く。ある日、小野は憔悴した表情で訪れ、自分は遠いところへ行くから、相談相手に親友の南條秀夫を紹介した。笙子の兄である。その頃、岡村の工場内の労働争議がかまびすしくなり、経済的危機は岡村の身辺まで迫ってきた。遠いところへ行くといった小野は、この岡村の工場の労働争議に加わり、中心人物として活躍していた。しかし、殺人のことを密告され、捕えられてしまう。

ある夜、乱打される警鐘が岡村工場の火災を報じた。一夜にして、さしもの大工場も灰燼に帰した。美しく彩られた夕焼けの下に佇む人の子に、運命はいかにその行方を指示するであろうか、と。

紹介がたいへん長くなってしまったが、原作前半とほぼ同じような内容である。異なるのは、小野一郎が新聞社を辞めた時期であり、労働争議に関わってからだった。また、彼の殺人が明らかになったのは、密告されたからではなかった。そして笙子が俵堂子爵を傷つけたことも無い。原作後半の内容が小野の逮捕と岡村の工場火災に収斂してしまっていた。

これらを一本の映画に収めようとすると、構成、演出がむずかしくなるだろう。現に、『キネマ旬報』編集部による「主要日本映画批評」（昭和二年一一月二一日号）では、「この映画は遂に、最後まで原作を読む興味以上に出でなかつた憾みがある。そして此れは、頗る簡略なる原作の梗概であつた」と言われてしまっている。

「炎の空」の犯罪小説的側面

「炎の空」は、南條笙子と小野一郎の交錯する二人の物語である。一方、犯罪小説の観点から見た場合、南條笙子の狂気と小野一郎の殺人後の心理に焦点が当たるであろう。しかし、映画においては、小野の事件の最初から逮捕までの描写がよくわからなかったらしい。村山知義は「「炎の空」その他」（『プロレタリア映画入門』所収）の中で、「この映画の根本的欠陥は、最も中心的な人物である小野が一体争議団でどんな役割を演じたのやら、工場の火事とどんな関係があるのやら、田伏殺しのために捕へられたのやら放火のために捕へられたのやら、一切合財わけが解らぬといふ点にある」と述べていた。観客に対して、犯罪物語としての興味が湧き立たない演出になっていた。

　しかし原作の新聞小説においては、小野一郎の犯罪に対する気持ちは、ある種の開き直りともいえる境地になっていた。有楽ビルディングにオフィスを構える田伏商会の社主、田伏信吉郎が行方不明になっている。そのことが、東方日報編集局社会部で話題になった掲載回（「妄動（その二）」第69回、昭和二年二月五日付）から、犯罪小説の内容で展開していた。

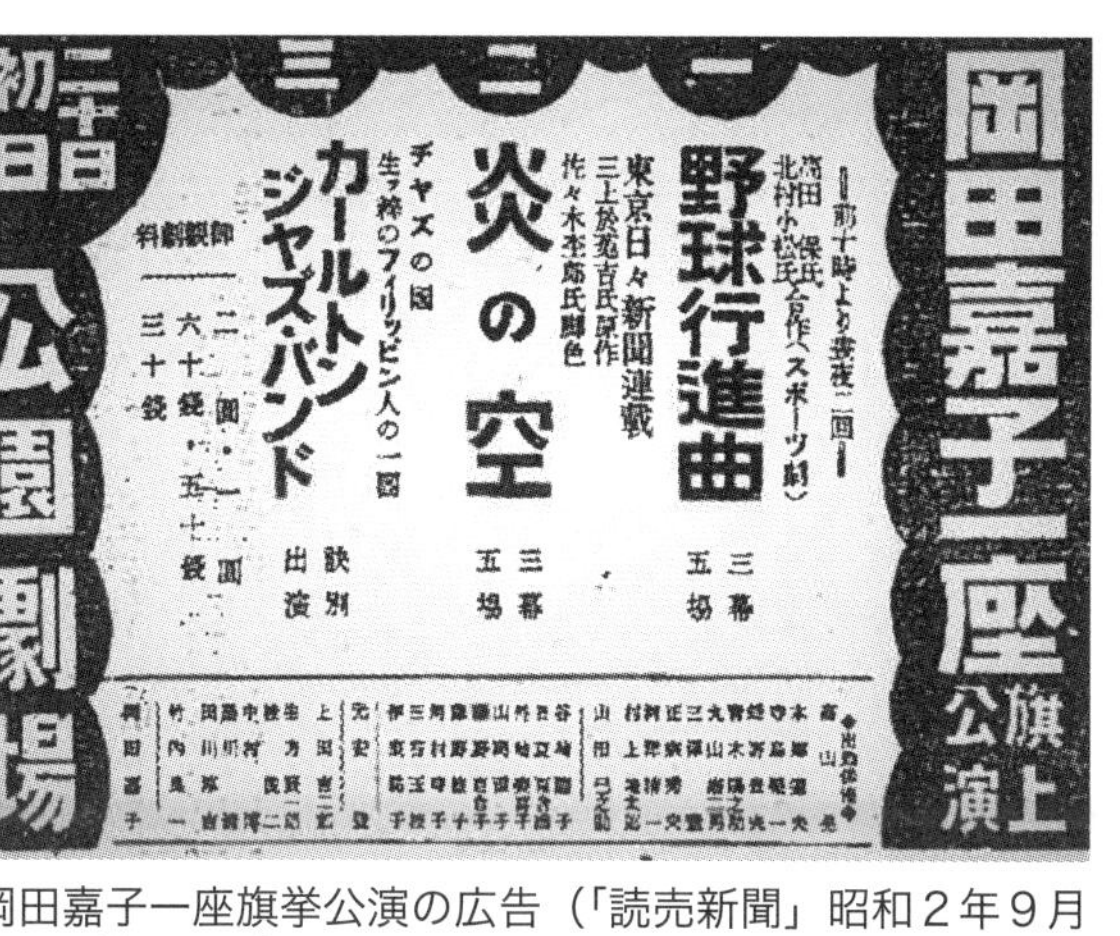

岡田嘉子一座旗挙公演の広告（「読売新聞」昭和２年９月20日付けより）

　小野一郎は、なんとこの新聞社に勤めていたのだ。小野は田伏の行方不明の話を聞きつけ、自分が取材をすると社会部長に申し出た。彼は有楽ビルディングに行き、会社のオフィスに入る。応接間の椅子に座り、興奮した。「――何の！　生きてゐることこそ勝利なんだ。亡霊が否定されてゐる以上は――ハ、ハ、田伏の応接間に、殺した僕が平然と座つてゐる――愉快ぢやないか！　ハ、ハ、ハ」（第71回）と。犯人の心理が巧みに描かれ、読者の興味は彼の心に注がれる。

　小野に同行した後輩の新聞記者、青木はしつこく会社の人間に田伏のことを尋ねた。だが、その一方で、小野は「敵地に踏み込んだ以上は、出来るだけ大きな敵にぶつ突かれ！」と強く思い、さらに「田伏の事件が、大きな波瀾を世間に揚る以上は、そしてその波瀾の中に好んで身を投じた以上は、全警察力と新聞力とを相手にして手ひどい角力を取つて見たいやうな熱望を感じて来ずにはゐられなかつた。どこまで闘ひつゞけることが出来るか？　どこまでこの秘密を征服しつゞけることが出来るか？　この戦闘にかち得ることが出来るとすれば、自分は必ず一人の勇士として、次の戦場に臨むことが出来やう！　戦はねばならぬ。勝たねばならぬ」（第73回）と尋常ならざる覚悟をする。警察や新聞社に対する挑戦を決めたのだ。そして、田伏が行方不明の新聞記事を自分で書いていた。

このことからわかるように、「炎の空」の小野一郎のストーリーは犯罪小説の側面を持っている。しかし、映画では、それがぼやかされてしまっていた。女の愛憎物語にしようと思ったからなのだろうか。

変奏された「炎の空」

「炎の空」は、違う映画会社でも製作されていた。聯合映画芸術協会の製作、マキノプロダクションの配給の映画であった。昭和二年四月頃から作られ始め、五月には完成している。『キネマ旬報』昭和二年五月二一日号の「各社近作日本映画紹介」には、脚色に直木三十五、監督に鈴木謙作、撮影に柏田敏雄。配役として、小野一郎役に梅島昇、南條秀雄役に荒木忍、妹の笙子役に富士龍子、田伏信吉郎役に今井録郎、岡村陽太郎役に浅原和夫、大川麗子役に東愛子とあった。七月一日から七日まで大阪新世界の第一朝日で、七月八日から一三日まで東京浅草の千代田館で、七月二二日から二八日まで神戸新開地の二葉館で、それぞれ上映されていた（「各地主要常設館番組一覧表」『キネマ旬報』昭和二年七月一一日号、八月一日号より）。

ただ、「主要日本映画批評」（『キネマ旬報』昭和二年七月一一日号）を見ると、脚色が三枝信太郎に代わっている。直木三十五は手を引いたらしい。また監督は鈴木謙作と堀野虎夫の名前が併記されていた。堀野は応援に来たとある。小野役の梅島に関しては「映画に出る俳優では断じてない」と手厳しいが、麗子役の東愛子や笙子役の富士龍子については「うまくないにしても映画に経験がある丈見苦しい点がない」と評価していた。「興行価値」として、「大毎読者を吸収出来る丈でも大なる得点」とあった。ここでも新聞とのコラボ効果を強調していたのだ。

結局、松竹蒲田製作のものにしろ、聯合映画芸術協会のそれにしろ、映画『炎の空』は、それほど評判にはならなかった。原作の豊穣さから焦点を絞って、女の愛憎を描く映画にするだけの技量が整っていなかったからであろう。ここで見えてくることは、たとえ原作が犯罪小

『炎の空』。左から柏美枝、八雲恵美子、佐々木清野（『劇と映画』昭和２年11月号）

説の側面を持っていたとしても、映画の中心ストーリーにはならないということだ。片隅に追いやられてしまう。そしてぼやけて消えていく運命になっている。前述した日活映画『日輪』のように女性の生き様を中心にしたほうが、現代物のときには観客ウケがよいのである。映画『炎の空』でも、女性をフィーチャーした構成になっているようだが、観客ウケが悪かったのは、原作内容の豊穣さを詰め込みすぎたところに問題があったのではないだろうか。

ところで、この「炎の空」が新聞連載しているとき、日活映画『日輪』の主人公をつとめた岡田嘉子が映画『椿姫』の撮影現場から失踪するという事件が起きていた。岡田は村田監督から厳しく叱られ、私生活にも悩みを抱えていたため、それを相手役の俳優、竹内良一に相談。二人で現場から駆け落ちをしてしまったのである。

日活は撮影中止を考えたようだが、莫大な金を費やしたセット、衣装などのことを考えると、それもできなかった。結局、代役として夏川静江を選んだ。そのときの気持ちを夏川は「嘉子さんと「椿姫」と私と」（『東京日日新聞』昭和二年四月二二日付）で「今一度村田先生に御願ひしてお断りしようと監督部屋に行く。村田監督のことば「あなたには無理だといふ事はよく承知してゐます。あなたには実にお気の毒と思ふますが是非共やつてもらひたい、会社として今更中止も出来ない、莫大な金を費した立派なセット、衣裳、どうしても成し遂げたい。然しイキをかへてやつたらあなたならやれると僕は信じる。一生懸命やつてもらひたい」と先生の御厚意あるお言葉、うれしくもあり怖ろしくもあり。一心にやりますとおうけして楽屋にもどる」と書いていた。

ここで驚くのは、岡田嘉子の代役に夏川静江を選んだことである。これは、聯合映画芸術協会製作の『日輪』でも、同じ長沼徳恵子役をやっていたからだ。『日輪』でも同じ役をしていたということは、監督の求める役者の雰囲気に、何かしらの共通点があったからだろう。

一方、岡田嘉子のほうは、といえば、映画スクリーンからは追放されてしまった。しかし、昭和二年九月には、岡田嘉子一座の旗上げ公演をおこなっている。九月二〇日から、浅草の公園劇場にて、高田保、北村小松合作のスポーツ劇「野球行進曲」(三幕五場)、三上於菟吉原作、佐々木杢郎脚色「炎の空」(三幕五場)、ヂャズの国生ッ粋のフィリピン人の一団、カールトンジャズ・愛憎バンドの三本立てである。注目したいのは、ここで「炎の空」が演劇化されていたことである。『日輪』で相性のよかった岡田嘉子が、三上於菟吉の「炎の空」を舞台にかけることで、心機一転を図ろうとしたのであろうか。

三上於菟吉の「炎の空」は、犯罪小説の側面も持っていた。しかし、映画化されると、それはぼやけてしまい、男と女の愛憎劇になってしまった。一方、演劇では評判がよかったようだ。

さて、三上於菟吉の長篇探偵小説は、ここで紹介した『血闘』以外に、あと二つある。「銀座事件」(『主婦の友』連載、昭和五年)と「幽霊賊」(『キング』連載、昭和一〇年)である。しかし、二作品ともに映画化はされていなかった。いずれも主人公が男性だった。女性の見せ場もあるのだが、中心ストーリーとしては弱かった。やはり現代物の探偵小説(犯罪小説)には、観客を呼ぶために女性スターをフィーチャーした物語が必要なのであろう。監督の演出も大切だ。

しかし、そのような作品を製作する手間があるならば、映画製作会社としては、時代物でヒットした小説を原作にして映画を作った方がよいという計算が働く。三上於菟吉の名前を天下に知らしめた傑作『雪之丞変化』(昭和一〇年)のように、林長二郎(長谷川一夫)という主役スターの輝きとワクワクする原作内容がマッチしたとき、爆発的なエネルギーが誕生するからである。三上於菟吉の探偵小説の映画化には、このような邂逅が、まだなかったのではないだろうか。

(ゆあさ・あつし)

捕物帳の系譜

大岡越前守をめぐって・TV篇

永田哲朗

　TVの『大岡越前』はTBS『水戸黄門』第一部の後番組として昭和四十五年（1970）三月十六日からスタートした。同じ「ナショナル劇場」だけに、ホームドラマ時代劇という骨格は共通している。しかも大岡の父母や妻を登場させ、その家庭生活も見せることで、視聴者との連帯を強めた。これは非常に重要なポイントとなった。

　大岡には清潔で真面目な人柄が買われて加藤剛が決まった。ヒューマニズムあふれる名奉行のイメージにピッタリで、大岡越前の在任期間十九年をはるかに上回る三十年という長寿番組をよく支えた。町奉行という為政者・権力者の立場にありながら、庶民のために法を行う非常に難しい役割をどのように融合させるかが課題なわけだが、そういう大岡越前守を安心して見ていられるのは、やはり加藤のキャラクターと演技力といっていい。

　初期の頃は第一話が伊勢山田奉行から抜擢されて江戸南町奉行に就任するまで。これは講談本と同じ。第二話は鬼与力の誤殺事件からいろは町火消を設けるまでの話。第三話は民情視察のため姿を変えて市中に出て事件に触れ、裁きをする話など、政治改革とか奉行としてのあり方を中心としていた。誰もが知っているネームヴァリューと加藤剛の好感度とが相まって、スタートから視聴率は三三・一パーセントをマークし、その後も高視聴率を挙げ、人気は不動のものとなった。

　父大岡忠高は頑固一徹だが、典型的な三河武士として忠相の手本となった。残り少なくなった時代劇の大スター片岡千恵蔵の起用は大成功で、彼がデンと控えているだけでドラマの重く感じられるくらいだ。第七部の五十八年死去したので当然姿を消すが、代わりを立てず、墓参りのシーンなどを入れた。それくらいインパクトが強かったということだ。

　第三部あたりからホームドラマ的要素が強まったと見られるが、母・加藤治子、妻の雪絵（初代は宇津宮雅代、二代目酒井和歌子、三代目平淑恵）と親友の小石川養生所の所長榊原伊織（竹脇無我）、仏といわれる村上同心（大坂志郎）、蔦の伊三郎（中村竹弥）たちとの和で一体となったいわばファミリー感が、時代劇なのに身近なものにしているのだろう。

　ストーリーとは関係なく、小石川養生所の人々や蔦一家、飲み屋に集まる連中まで、与力、同心、岡っ引きなどと一緒に顔を出す。大岡一家の食事をしたりする日常生活も演じられて『水戸黄門』以上のホームドラマ時代劇として成功した。

　これに将軍徳川吉宗（山口崇）が加わる。自由闊達なのはいいが、城を抜け出す癖があり、「公方様が行方知れず」というので大岡はじめ一同が血マナコになって市中を捜しまくる。それなのにご当人はキンキラキンのなりをしてどこでも飛び回り、「忍びじゃ」などと称しているのだから始末が悪い。スリに遭ったり殺し屋に狙われたり、その上、自分でも事件に首を突っこんでくる始末で、大岡は多忙なのにもかかわらず、わがままな将軍の面倒を見なければならない。これも一つのユーモラスなエピソードなのだろうが、『吉宗評判記・暴れん坊将軍』のようなヒドい番組を生むキッカケになったのではないかと思うと暗然とせざるを得ない。

大岡の裁き方は「これにて一件落着」という遠山金さん型ではなく、「余罪、ことごとく吟味の上、きっと極刑申しつけであろう」と未来形のキメ科白である。ここにも一つの性格的なものが感じられる。判決であるからには絶対的なものだ。人の生命まで奪うことになるから、万が一にも落ち度がないか、誤りがないかとあくまで慎重を期すのは当然といえば当然のこと。

また、幕府内部のことや大名家がからむ事件は町奉行の権限外であるから、調査の上、裁き老中や評定所に上げられる。しかも、その間の罪状を暴くのが大変なのだ。いろいろな圧力があり、買収もある。暗殺などの危険もある。それをチームワークで解決し、たとえ地位が高い者であろうと徹底的に追及する。これが正義の人大岡越前の本領というわけである。

〝大岡裁き〟には落語にもある「三方一両損」とか「大工調べ」などの機智に富んだものが伝えられている。熊公が落した三両を拾った八公が、財布の中の質札から落し主を探して届けにくる。熊公は「江戸ッ子は宵越しの銭は持たねえ」といって受けとらない。受けとれ、受けとらないで喧嘩になり、家主同道でお裁きを願って出る。大岡は二人の金銭に淡白なのを褒め、「この三両は越前がもらいおく」とした上、二人に改めて二両ずつほうびを取らせ、「これで両名も越前も一両ずつの損、三方一両損じゃ」というのだが、三両は庶民にとって大金。それを勿体ないこというなとさとすのが本当じゃないか。実際にあったかどうかは分からないが、そういう話が残るほど、人の心を思いやる裁きが庶民の心をとらえたのだろう。

TVでも自分の恥を忍んで殺人事件の証人になった夜鷹の女に、ほうびをして借金の証文を返してやったり、清談の「実親裁き」のような、嫁入り前の娘の胸の痣を人目にさらすぐらいなら、娘を実の親に返してもいいという育ての母の方が真の親だとした。人情の機微を解した裁きとはこのようなものであるということだ。

体制側の執行官という立場にありながら、常に民衆の味方でなければならない。この二律背反をよくよどみなく見せるところがドラマのキモで、そのためには大岡が「法は庶民の幸せのためにあるもの」という確固たる信念で事に当たり、ケースによっては身を以て権力と対決するくらいの姿勢を示す。そのような像を民衆に描き、信じるのである。そしてそれが一貫して来たことが長寿の理由ではないのか。

『大岡越前』を書いている脚本家の田上雄は「固定ファンが満足できるパターンをはずさない、という鉄則があるんです。このパターンがうまくいったときは、マンネリといわれようが、番組は高視聴率になります。ですから、あえてマンネリをぶっこわすのは、番組を育てていくこととは逆行することになるのです」という。確かにそれは一理ある。勧善懲悪の設定は変わらないし、主演も変わらない。しかしだんだん手抜きのようなものが見えてきた、と指摘する声が多い。高視聴率の上にあぐらをかいているという形だ。大いなるマンネリも分かるが、作る方も見る方も一種の安心感というか馴れに陥って、ぬるま湯になったのは面白くない。

　その最も顕著な現われは主人公の〝加藤越前〟である。初めは大御所の千恵蔵などの手前もあってか神妙だったが、だんだんエラくなってエリートぶった態度表情が鼻につく。『人間の条件』など生マジメな好青年だったが、後に『砂の器』の殺人犯がこの男の地じゃないかと思わせるような偽善とエゴの塊りのように見えたのは単なる演技じゃなかったんではないか。『大岡越前』の最初と最後の方を見比べてほしい。お白洲の場での口をゆがめたエロキューションは、庶民を見下しているとしか受けとれない。この口のゆがみに見る変化に加藤の傲慢を感じるのだ。

　平成八年にテレビ東京が正月番組で十二時間ドラマ『炎の奉行　大岡越前守』を放送した。主演は市川団十郎、市川新之助（現海老蔵）の親子で、少年時代から晩年の大岡まで歴史的事実にフィクションを加え、不正と邪悪なものに立向かう越前の生きざまを描いたが、重っ苦しい。

　TBSで加藤の『大岡越前』が放映中であり、二人の大岡越前を見比べる楽しみがあると評判になった。全六部から成り、団十郎は流石に重厚で貫禄十分の大岡。青年時代を演じた新之助に将来の大物という面影を見た人も多かろう。

　だいぶ経った平成十七年テレビ朝日で『名奉行！　大岡越前』がスタート。大岡には北大路欣也。これも適役といえる。彼は「はかまをはいているけれど、中身は現代劇ですよね。僕は、ちっとも古いものをやっている、という気持はない」といっている。加藤剛も同じようなことをいっていたが、チャンバラ時代劇と違って、裁く立場からすれば、社会の不正を照射し剔抉することに変わりはない。

　過去の〝大岡もの〟は、序盤から犯人が判明しているものが多かったが、お白洲のシーンまで犯人がわからない、大岡の謎解きも魅力の一つにしようとした点は買える。第一作の『白子屋お駒』でもそうだったが、市井のちょっとしたことが結びついていって事件が解決するあたりがわりと丁寧なのがいい。

　北大路は銭形平次をやっているから、加藤のようにコチコチの感じでなく、少しくだけたというかサバケた雰囲気がある。しかし奉行がみんな遠山金さんじゃあるまいし、そう巷をうろつく暇があるのかなという疑問を持つ。まあキビシさと人情みをうまく使い分けている点、上の部であろう。

二十五年三月、NHKで『大岡越前』が復活した。第一回は伊勢山田奉行時代に、禁猟区で密猟していた男を捕えて裁きを下す。これが若き日の大岡で、吉宗との出会いだった。四年後将軍となった吉宗は大岡を召し出し、ここに大岡越前守が誕生する。全九回で次々に発生する事件を、柔軟な発想で評決し、起承転結をはっきりさせて、時代劇になじみのない視聴者にも親しみやすく作るという意図だった。

だが東山紀之の大岡は全く向かなかった。若さはいい。若くても「奉行」という立場をキチッと演じられるならば文句はない。東山はやはり同心クラスで、奉行の座にすわってすべてを仕切る力はない。何といっても眼光の鋭さ（眼力）が足りない。人情ものならばとも角、剣豪とかお奉行サマには通用致しませぬ。

（ながた・てつろう）

TV『大岡越前』第二部開始時の新聞広告（朝日新聞　昭和46年5月17日）。第一部のときは広告もなく地味に始まったのだが……、人気のほどがうかがえる

本稿は〝捕物帳〟ジャンルの映像作品で、大岡越前守をめぐる作品を語ったエッセイである。

＊

永田哲朗の名著『殺陣』は、剣戟シーンすなわち〝チャンバラ〟に特化したもので、時代劇を愛する彼ならではの著作であった。それは侍と侍の勝負の世界である。しかし時代劇には庶民生活の魅力を活かした大きなジャンルがある。捕物帳だ。元祖・半七に始まり、黒門町の伝七、銭形平次、人形佐七、むっつり右門、若さま侍…それは吾国の大衆小説の歴史と表裏一体であり、これらがシリーズ化され、観客の人気を呼んでいた時代こそが、映画黄金時代でもあったのだ。むろんシリーズと無縁の単発ものの作品にも、なかなか滋味掬すべき作品のあることは、言うまでもない。

永田は現在、この一大ジャンルを総解説する本を準備中である。〝資料〟ものでは定評ある著者である。大岡越前守に就ても完璧なフィルモグラフィが付される予定である。既にエスキスとなる構想は成っている。資料も日々充実しつつある。心ある出版人、編輯者の参画を待ちたい。

（編輯・丹野識）

邪論！正論!!はた快楽(けらく)！⑤

図書館主義者の独り言

浦崎浩實

サカ恨みだってば！

何げに（?）、新聞の映画評を読んでいたら、筋がバカ丁寧に記されている、結末まで！（朝日、12月15日夕刊、『Winter boy』評）　６７２字（12字×56行）で、因みに同紙のオペラやコンサート、文楽などの公演評は７３８字（18字×41行）で、より長いのだが、後者をそう長い、と感じないですむのは、後者にオイラが詳しくないからか？　それともスクリーンものと、実演ものの違いに由来するや？　後者は文字表現されることによって〝完成〟するが、映画は文字表現されるまでもなく〝完成〟（良くも悪くも?）しているのかも？

なんてとりとめなく始めたが（いつもだろって?）、さて、「図書館への切なるお願い」なる一文が目にとまりし！（文藝春秋２０２３年４月号）書き手は今村翔吾とかいう作家。何ごとなるらん、と読めば、図書館が自分の本を大量に備えるので、自著の実売が、読者数を反映せず、わが懐に入るべき印税が〝不当〟に少くなる（大意）、とグチ。

似たる文意のものを、以前、読んだことがあるなァと記憶を辿れば、今は無き『新潮45』２０１５年２月号の大特集「『出版文化』こそ国の根幹である」で、林真理子とかいうご仁（作家の由）が「本はタダではありません！」を寄稿し、石井昂氏（新潮社常務取締役）が「図書館の〝錦の御旗〟が出版社を潰す」と警告（！）を発しており、文芸春秋社、新潮社という日本の二大出版社（国書刊行会を含め、三大出版社が通説?）が足並揃えて、図書館を目の仇に！　石井サマは「２０１３年には、図書館の個人向け貸出冊数は７億１１４９万冊になり、書籍販売冊数の６億７７３８万冊を大きく抜いている」と慨嘆なさるが、貸出冊数って、全部新刊？　ンなワケネェよな！（両者、比較対象できない数字では?）

〝武士は食わねど高楊枝〟ではなけれど、文士も〝士〟族なれば、ガツガツは見苦しいぜよ……と言ったって始まりませんかね。

今村〝文士〟サマは図書館の司書に「今村先生の本、10冊入れましたよ！」と告げられたと嬉々なれど、どこの図書館ゾ、館名を白状せよ！　限られた公的予算の割りふりで何とか（?）運営されている図書館が、（一館で）同一本を10冊も？　ありえな〜い！　10作品、なら分らなくも！　ウチのすぐ近所の図書館（徒歩で1分足らず、信号待ちを除く）を覗いたら、翔吾先生のご著書8点あり。それなりに傷んでおり、それなりに読まれているのがしのばれはします。今村センセ、ご著書が図書館で２６２人待ち、借りられるのは11年後、と自慢げ？　図書館さえなければ、自著が直接買われ、著者も版元もホクホク、という算段らしいが、ドッコイ！でしょうね。購入者と図書館利用者は、私見では〝人種〟が違うって！

貧富の階級差（!）といえばそれまでなれど、購入者は本をワタクシしたい、図書館利用者は共有でよろし、と！ どうです、後者の世界観、汎本観（こんな言葉ないでしょうが！）。本、雑誌のクリーナー機を備えている図書館もあり、清潔感配慮も万全なり！

先日、必要あって、久しぶりにコンビニで週刊誌を買ったら、ツカ（背中、綴じ目）以外の三方もビニールテープで閉じられ！ 立ち読み防止ですね、エラい！ その内、単行本もそうなったり？ 図書館もまねしなよ！ 書店もさ！（ロンソー誌の立ち読みは国家犯罪ですのでご注意を！）高貴な『論叢』誌面をグチ稿で汚してすみませぬ。

とヨタッていたら、BS2『新 明日に向って撃て！』（79）を放送しており、ついつい見れば（観れば、に非ず、以前にも記せり？）、「女はいねえヨ、女房がいただけだ！」のなにげなき（!）セリフにジーン！ もっとも、男はいねえヨ、亭主とかいうのがいただけヨ！ と女房側から反撃されますかね？ オレさまなら、「一人二役してもらってらァな！」ってエバルか！

映画本の賑やかさ？

図書館主義者のオイラ、専ら借覧で足りおり候が、23年中に読みし映画関連書だと「よもだ俳人 子規の艶」（朝日新聞出版、23年9月30日刊、新書）は奥田瑛二と俳人とかいう夏井いつきの対談本で、奥田の文学的教養の深いのに一驚。よもだ、とは伊予・松山のコトバで、ヘソ曲り、おどけ者の意とか。同書の場合、むろん逆説的といいますか、正統は〝よもだ〟にあり、と捉えられていようか。子規が遊女や女給など底辺女性を謡った俳句を、〝艶(つや)俳句〟と名付ける奥田サマ。すごい！

映画の世界に革新を起こした人物がいるか？ と問われて、言下に、黒澤と小津だ、と奥田。すごくな〜い!! 両者に共通するのは〝心のリアリズム〟と。リアリズムは〝外〟にあるのでなく、〝内側〟に？ 黒澤映画を中学生の正義感、と評したのはミシマ様、小津映画をイビツ、と評したのは吉村公三郎監督だったか？ いずれも至言か！

イビツは表現に不可欠（?）な〝ツヤ〟か？ 折悪しく（!）、丁度『秋刀魚の味』の放映をチラチラ視してるが、老醜のグチ映画、女性サベツ映画！

さて、『鬼の筆』（文藝春秋、23年1月30日刊）は「戦後最大の脚本家・橋本忍の栄光と挫折」の（大仰なる）サブタイトル。春日太一の大著、読了したと胸を張れないのだが、橋本の、監督2作の一つ『南の風と波』（1961年東宝、中島丈博と共同脚本）への言及なきを遺憾とせねば！ 興行的にはコケたようなれど（暗過ぎ?）、わが美少年時の記憶では故郷の映画館は満員でありました。映画の舞台と情況が共通することもあって、か？

他に大高宏雄著『アメリカ映画に明日はあるか』（ハモニカブックス、23年2月15日刊）、宇野維正著『ハリウッド映画の終焉』（集英社、23年6月21日刊、新書）など、（ざっと）読みし、

岡部耕大

書名がともにウシロ向きだが、ウシロ向きはトレンドなるらん?

葬送の辞に……

劇作家、演出家で劇団「空間演技」を率いる岡部耕大氏の訃報を新聞にて知る。23年8月25日他界。

ワタクシめになぞらえるのも、烏滸がましけれど、氏は1才後輩、大学もほぼ同門なれど、二、三度、氏の作品公演会場でご挨拶してないはずなけれども、大学のコーハイじゃん、とか先輩風を絶対ふかせてない、と断言できまする。

で……! 今から思うに、もっとナレナレしく、同志的表明(!)をしていてもと思わなくも! 批評家にできることって、お追従くらいじゃん!(ダレ? そう言ってるのは!)

岡部氏の「黒いはなびら―侠客・千代之介の生涯」(91年初演、風間杜夫主演=二役)の主人公の名前は、副題にみるごとく、萬屋千代之丞、千代之介で、この作者、東映のいわゆるお子様ランチで育ったんだァとわが涙腺は黙っちゃいないです。

氏のお誕生日は、1945年4月8日。追っつけ、オイラもそちらへ……。ご迷惑、承知でありますが、さて中村錦之助→萬屋錦之介の改名を、古道具やみたい、と冷笑したのは、実弟の中村嘉葎雄さまでしたよネ! 母方の屋号を消滅させまじ、の長子の責任感、心意気を、知らずや、次男坊は!(余談でありやしたッ!)

萬屋? 江戸時代の版元のそれ?

訃報は続くよ、どこまでも!

脚本家・山田太一氏(氏を付けずとも?)の訃報が、12月1日(23年)夕刊に出たかと思えば、翌2日朝刊1面にも前日の記事を少し足して再度出た!(アサヒ) 記事不足か? スポーツ紙はもっとハデ、ハデ! 氏脚本のヒットTVドラマとかを一度も見たことあらず! 氏の随想「月日の残像」(新潮社2013年12月20日刊)を急ぎ図書館から借覧し、強く心打たれ候。周知のように木下恵介監督の弟子筋で、映画人、文人のエピソードもあれこれ。亡くなった人の追悼文を書くやつは最低だ、と木下センセイ(?)おっしゃった由だが、名言かも?(オイラ、これから、ドシドシ書いたるわい!)

薩摩剣八郎というスーツ・アクターの訃報記事。スーツ・アクターなる言葉を、オイラごく最近知ったばかりだった。『スーツアクターの矜持』(鈴木美潮著、集英社インターナショナル23年9月刊)なる本が出ているが、〝着ぐるみ俳優〟よりずっとプライドを感じますよね。薩摩剣八郎氏自身にも著書があり、『ゴジラのなかみ』（筑摩書房、93年11月刊）は映画本の名著、名文といえよう。続く『ゴジラが見た北朝鮮』（ネスコ発行、文藝春秋発売、94年4月刊）は前著と同一人物の手になるとは思い難し！（すみませぬ！）

１９４７年5月27日生れ。23年12月16日歿。キネ旬の男優事典に、氏のスーツアクター師・中島春雄の項目も、あり。

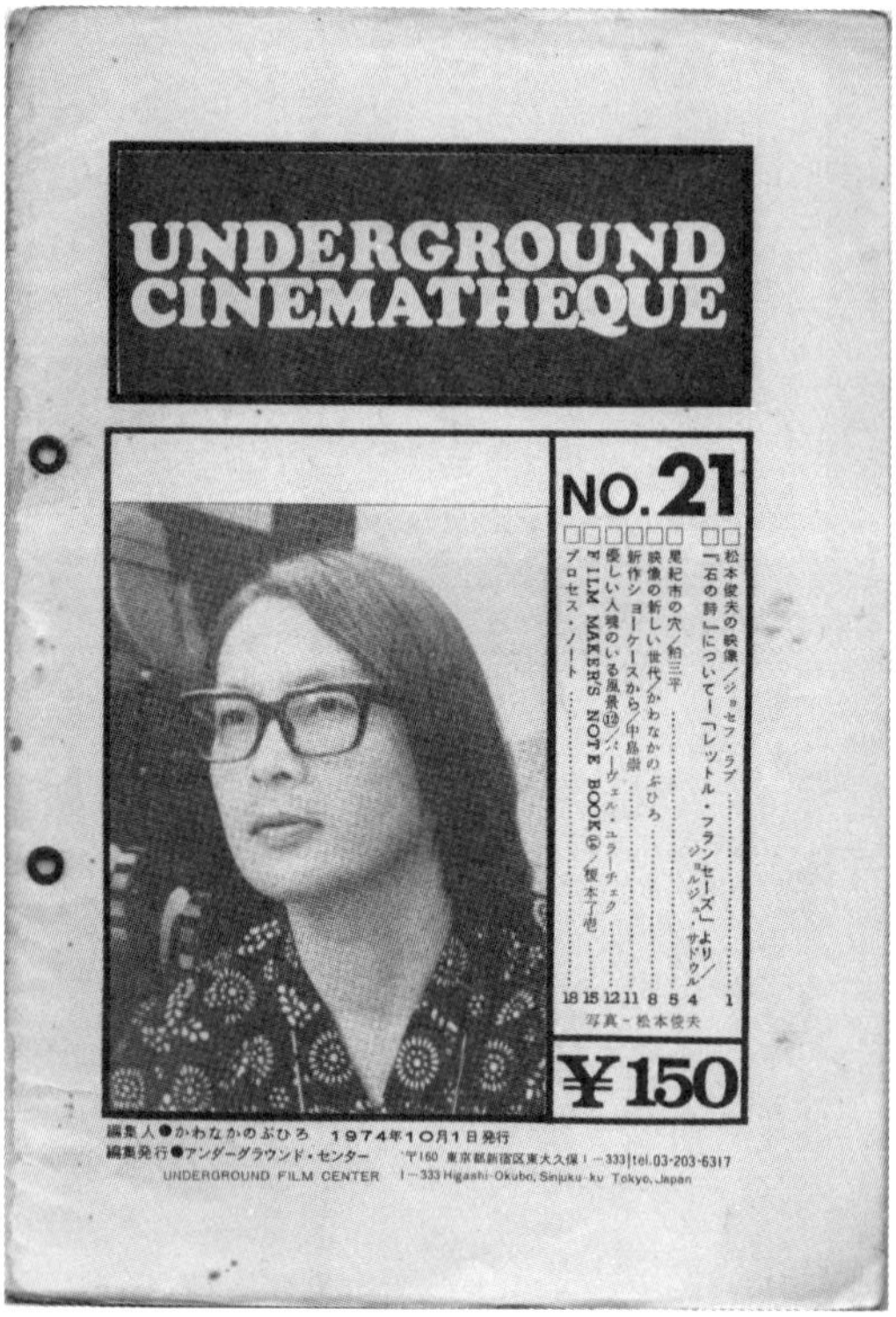

シネコミ誌（つづき）

前回、記し残しし誌名を。

「PRIVATE EYE」2号（75年1月刊、井上恵司・生嶋猛＝編集発行／「ＢＡＮＺＡＩバンザイまがじん」17号５００円93年3月刊、23号６６５円97年4月刊（木村純一＝編集発行、ＪＡＢＢ出版局発行）／「自主映画を観る会」65年3月刊（国学院大学映画研究会、稲門シナリオ研究会発行）／「闇」4号84年12月刊、5号85年3月刊（著者・発行人＝佐相勉）／「シネマ通信」庄内版、10号98年10月刊（酒田シネマ旭・酒田港座・鶴岡シネマ旭発行）／「映画新聞」１４３号97年11月発行（映画新聞発行）／「煙神 SMOKY GOD」1号95年12月発行（編集・発行＝大西祥一）／「子午線通信」6号19年4・5月（書肆子午線発行）／「大阪映画サークル」９０2号98年1月（全大阪映画サークル協議会発行）／「UNDERGROUND CINEMATHEQUE」21号74年10月発行（かわなかのぶひろ編集、アンダーグラウンド・センター編集発行）／「大泉スタジオ通信」11号74年9月発行〜22号75年8月発行、16号欠号〜以上。

（うらさき・ひろみ）

「UNDERGROUND　CINEMATHEQUE」No. 21。
表紙は松本俊夫

東映京都大部屋俳優ひとすじ

追悼　宮崎博と日本映画縦断

鈴木義昭

一昨年、秋も深まる11月24日、神戸映画資料館での布村建作品追悼上映「布村建ともうひとつの東映映画」開催前日、京都に寄って宮崎博さんのお墓参りをさせていただいた。山科駅で待ち合わせ、寺から飛び地になっていて墓所はわかりにくいからと、奥様に案内をしていただいた。ハラハラと紅葉した銀杏の黄色が境内を一面に埋め尽くしていた。

宮崎博を、ご存知だろうか。

竹中労「日本映画縦断」の読者なら、宮崎博という名前に記憶を留める人も多いだろう。いや、竹中が中村（当時）錦之助、伊藤大輔監督らと構想し、推し進め、自分たち主導では実現せず、京都府政百周年記念映画として完成した映画『祇園祭』についてのレポートを読んだことのある方なら、宮崎博をご存知に違いない。いやいや、かつて東映京都撮影所を根底から揺るがした「東俳労争議」の委員長。大部屋俳優たちが長い闘争の末に現場復帰した奇跡の闘いのリーダーだ。宮崎さんには、平成19年（二〇〇七）出版の『チャンバラ人生』（白地社）という著作もあり、その帯には「古都・京都は、日本のハリウッド。元東映専属俳優の著者が、京都と時代劇の草創期・黄金時代・合理化を語りながら時代劇の復興に傾ける情熱が燃えたぎる。また、元美空ひばり館専務でもあった著者ならではの美空ひばり像も秀逸」とある。

宮崎博さんと最初にお会いしたのは、いまを遡ること

宮崎博。
京都妙心寺金牛院にて

半世紀、第一回の「山上伊太郎忌」であることは確かである。僕は二十歳だったが、宮崎さんはお幾つだったか。しかし、その後、いつごろから親しくなったのかというのが、記憶に定かではない。嵐山で館長をされていた「美空ひばり館」にもおじゃました。直々に館内を案内してくださった。西と東から甲府駅で落ち合って、一緒に「竹中英太郎記念館」へ出かけたこともある。竹中英太郎が映画のため、戦後初めて描いた「祇園祭」の挿絵を、湯村の英太郎記念館に託すための旅であった。「祇園祭」の挿絵の数々は、今も甲府の記念館で展示されている。

師・片岡栄二郎（左）と岡栄二郎（宮崎博）。沢島忠監督『富士に立つ若武者』ロケにて

１９３６年2月5日、愛媛県久方高原町生まれ。京都の国際俳優学院を経て、56年7月より東映京都撮影所専属。片岡千恵蔵門下の片岡栄二郎の弟子となり、岡栄二郎という芸名で主に時代劇を中心に活躍する。『任侠東海道』『風と女と旅鴉』ほか、出演作品多数。61年に約３２０人の東映俳優による労働組合「東俳労」を結成。「最低賃金の保障」や「退職金制度」を作るため、労組委員長として尽力する。66年に東映と専属契約が切れた後も、東映を中心にテレビ時代劇などに出演。一方政治の世界にも飛び込み、78年には京都社民連書記長に。京都府会議員選挙、京都市議会議員選挙に度々出馬（落選）。94年、社民連を離れ日本新党立ち上げにも参加した。カンボジア難民援助などの平和運動、市民運動の経験も多い。03年からは、京都嵐山「美空ひばり記念館」の館長を務めたが、美空ひばり「十七回忌」を契機に退任。今も、京都に根差した市民運動に意欲を見せる。現在、北方領土返還京都府市民会議幹事、京都愛媛県人会副会長。

東俳労争議作戦会議。右から浅野光男副委員長、宮崎、竹中労。左端に南部僑一郎

以上は、当時、よく寄稿していた「実話GONナックルズ」（ミリオン出版）で、2005年11月号〜12月号前後篇にわたってインタビュー記事を書いた時の宮崎さんの「プロフィール」である。長い交流を記事にまとめなければと思った。この記事が、二年後の『チャンバラ人生』刊行に繋がったのである。

その記事で、僕は聞いている。

――食うや食わずの低賃金と劣悪な環境で大部屋俳優をコキ使っておきながら、会社側は待遇改善に立ち上がり、世界初の俳優の労働組合を作った宮崎さんたちを撮影所合理化の目障りと考えて契約を解除し解雇した。

宮崎　そうです。要するに僕らが組合を作ってやっていると、他の連中にも悪影響を与えると、これをなんとか潰したいという発想ですね。一九六六年の正月から「契約解除」が始まった。委員長の私を含めて三十五名の大量解雇です。クビを切られてはたまりませんから、すぐに反撃の裁判闘争に入りました。

――大部屋俳優であっても映画産業の労働者であり「切捨てご免」では堪らない。俳優として働き続けるための裁判闘争ですね。

宮崎　逆に運動の輪や支援は広がったと言ってもいいんですよ。錦之助さんの舞台に出して貰ったり、テレビの怪獣映画のぬいぐるみに入ったり、京都で竹輪やワカメの行商をしたりして食いつなぎながら、裁判闘争を闘いました。そして、一年五カ月ぶりに和解が成立して争議は終わります。三十五人だった解雇撤回闘争は解決した時には十八名になっていましたが、原職復帰を勝ち取りました。

（中略）

——時代劇全盛時代の想い出に遺る作品というのも、たくさんあおりになるんでしょうね。

宮崎　それはね、組合運動だけやってたわけじゃないですから（笑）。毎年、正月作品というとオールスターでやるんですが、一九五七年の正月映画『任俠清水港』なんかも忘れられませんね。あれは配給収入三億五千万円で当時の新記録を出した映画で、片岡千恵蔵さんと市川右太衛門さんの両御大が出ていてね。

——それって、僕の生まれた年の映画ですね（笑）。監督で想い出に残るのはどなたですか。

宮崎　内田吐夢さんでしょうか。『大菩薩峠』とか千恵蔵御大が出ている作品によく一緒に出させていただきました。

——竹中労さんがよく黒澤明よりも日本映画を代表するのにふさわしい監督と言っていた人ですね。

宮崎　そうそう。内田吐夢先生というのは、非常になごやかで大人しい静かな人でしたね。演出の内容というのは厳しいんだけど、ニコッと笑いながら言われるというような大きな包容力のある方でした。

いつだったか。渡月橋の近くに千本組笹井末三郎の墓を捜し、見つけた帰りに宮崎さんに会って話を伺ったこともある。時代劇が好きで、映画界に入った。最初に入ったのは、松竹系の国際俳優学院。松竹撮影所の片隅にあったという。昭和三十年春のことである。初めて演技指導を受けたのが、百化け百怪の団徳麿である。竹中が「日本映画縦断」第二週の肝に置いて語った異色のスターである。大河内伝次郎「丹下左繕」に先んじ、日本最初の丹下左繕を演じた役者としても知られる。

同じ頃、松竹撮影所で映画デビューしたのが、中村扇雀（のちの坂田藤十郎）。京都時代の武智鉄二が可愛がった歌舞伎役者である。宮崎が通う映画学校に隣接したステージにセットが組まれ、デビュー作が撮影中だった。

映画の話は話し始めたら、止まらない。東映が弱小三社合併で京都撮影所を旗揚げしたのは、昭和26年（一九五一）。京福電車（嵐電）の帷子の辻駅北側の垂山に自宅があったので山の御大と呼ばれた片岡千恵蔵。『血槍富士』で千恵蔵扮する槍持ちの権八の主君だが酒乱癖のある酒匂小十郎を演じた片岡栄二郎、その弟子となる。東映「チャンバラ王国」で、時代劇役者になりたかったからである。

京都と東京で離れていたので、何度か電話でお話を伺ったこともある。まだまだお聞きしたいことはヤマほどあった。

神戸映画資料館で「団徳麿と東映京都」と題し、現存する数少ない団徳麿主演の無声映画『野情』(28)と、珍しい団徳麿出演のピンク映画『欲情の河』(67)『狂った牝猫』(68)2本を上映、トークショーを行ったのは、2010年8月の夏真っ盛り。あれから、もう10年以上の歳月が経った。その当日、あらためて認識したのが「日本映画縦断」の始まりには「東俳労闘争」があるということだった。支援の先頭に立った京都在住の映画評論家・南部僑一郎、そして宮崎博が竹中のチャンバラ熱に火を点け、多くの出会いとテーマを生んだのは疑いようもない。不幸な「キネマ旬報事件」で中断されたまま再開を果たせなかった竹中労の筆は、「内田吐夢」をゴールに描いていたといわれている。

山中伊太郎地蔵

宮崎さんの訃報は、一昨年の正月、出した賀状の返信のように奥様からお電話をいただいた。「賀状が届いたが、宮崎は去年の1月15日に亡くなった」、そう電話口でおっしゃられた。ふと考えると、前年の年賀状に返信がなかった。コロナが猛威を振るった年。どうしたことかと思いながら、日々の慌ただしさに取り紛れた。聞けば、暮れから体調を崩し診断を受けると「コロナ」だった。入院し快方に向かい、正月をご自宅で過ごそうと退院した矢先だった。急変して入院したが状態が悪化、自宅に戻られることはなかった。令和3年(二〇二一)1月15日没、享年84。

(すずき・よしあき)

大井武蔵野館のこと

カルト商売

沼崎肇

太田和彦編『伝説のカルト映画館　大井武蔵野館の６３９２日』（立東舎　２０２３年11月刊）

大井ロマンを含めての全上映記録だけで買う価値あり。ここ眺めてるだけで何時間もツブせるヨ。支配人の談話も、聞き手が常連だった人々なんで過不足なし。特に映写技師・荒島晃宏氏インタビューは〝プロの意気地〟を感じさせる結構なもの。森卓也氏の提言を拳拳服膺してるってだけで信用できるよね。欲を言えば、缶が前後してるどころかフィルムの繋ぎがメチャクチャだった『太平洋戦争と姫ゆり部隊』上映の苦労話もほしかったナ。上映後「何処と何処がホントは続いてるんだろ」の検討で盛り上がった思い出あり。

ただねえ。例によっての、編者の特殊な「名画座」観が披瀝されてるのは問題だ。これについては本誌38、42号で縷々詳述したから繰り返さないが、「名画座の語り部」となった太田の定義が今やスタンダードらしいのは困ったことだ。

このコヤの本なんだから仕方ないが、過剰な神話化にはゲンナリ。若い女の子相手の談話だとなに言っても突っ込まれないとタカくくってか、映画批評史の捏造を始める。「映画の面白さはテーマ性じゃないんだ」と気づいた、と彼は言う。仮想敵となっているのは津村秀夫、井沢淳あたりの大新聞の記者たち。いつの時代だよ。彼らのバカな〝名作〟主義に反撥して出てきたのが、佐藤忠男編集長時代の『映画評論』からデビューした面々だ。佐藤重臣、森卓也、石上三登志、水野晴郎（加藤泰、工藤栄一を最初にホメたのは彼ですぞ！）。小林信彦、西脇英夫も入れていいか。重臣こそエログロハレンチアングラを、上映活動も含めて推進してきた人物で、石井輝男、中川信夫を評価した。彼等によって培われた〝娯楽映画を正当に評価する〟姿勢が今に繋がってるんじゃないか。そのくせ太田本人が同じ談話のなかで「小林、森、石上」を指針にしていた、と言ってるんだから、自己矛盾もいいとこ。「キネ旬ベストテンからポルノが排除されてる」って、70年代のそれがポルノ多数だったことや『映画芸術』誌の影響を無視してるよね。とにかく、多くの名画座、自主上映施設は工夫のひとつもせず、批評家も映画ファンも１９５０年代あたりで進歩が止まってたかの言いぐさは非道すぎる。このコヤの功績の第一は、特定の監督を「発見」したことではない（疾うにされてる）。「有名監督の作品なのに上映されなかったモノ」を多く発掘したことなのだ。

ついでに言うけど、フィルムセンターを「フィルセン」って言うの止めろよ。オレも70年代前半から通ってるけど、常連は「センター」か正式名称で呼ぶ。いや、もう若い人たちは、こう呼んでるのかしら？　いやだなあ。

（ぬまざき・はじめ）

独立系成人映画再考 脚本篇④

掛川正幸と若松プロ

東舎利樹

山田健（1934～1989）は長崎県南松浦郡久賀島村（現：福江市）出身で武蔵大学経済学部を卒業後に旧・新東宝へ入社し、小森白「大東亜戦争と国際裁判（59）」石井輝男「黄線地帯（60）」渡辺祐介「契約結婚（61）」などで助監督をつとめ、倒産後に旧・新東宝のプロデューサーだった佐川滉の佐川プロダクションが製作&旧・新東宝の配給部門を引き継いだ大宝株式会社が配給した山際永三監督の成人映画『狂熱の果て（61）』の脚本を山際と共同で執筆。その後は旧・新東宝の製作部門を引き継いだ国際放映で監督に昇進し、「忍者部隊月光／第47&48話：恐怖兵器作戦 前・後編（64・11・27&12・4放送）」「バンパイヤ／第1話：狼少年登場（68・10・3放送／菊池靖と共同）」「電人ザボーガー／第4話：Σ殺人基地 殴りこめ（74・4・27放送）」「バトルホーク／第18話：呪いの糸、化身不可能!!（77・1・31放送）」といった特撮ドラマや、映画「サッちゃんの四角い空（81／長谷部利朗と共同）」を監督したり、「特別機動捜査隊／第415回：女の王冠（69・10・15放送／樋口静生と共同）」「意地悪ばあさん／第40話：有名病の巻（82・7・26放送／青野暉と共同）」といったテレビドラマや「アタックNo.1／第20話：許されざる特訓（70・4・19放送）」といったテレビアニメの脚本を手がけ、テレビアニメ「赤き血のイレブン（70～71放送）」では監督→チーフディレクター（第1～12回）&監修→構成（第13～最終回）を担当していたが、50代の若さで亡くなった。

佐伯俊道（1949～）は東京都出身で学習院大学文学部哲学科を中退後《東京ムービー》に入社。テレビアニメ「新オバケのQ太郎（71～72放送）」の演出助手などを経て東映東京撮影所演出部に移籍し、助監督として活躍後にフリーの脚本家へと転身。「仮面ライダーV3（73～74放送）」「ポニーテールはふり向かない（85～86放送）」「鬼畜（02・10・15放送／文化庁芸術祭参加作品）」「新・京都殺人案内（18・2・9放送）」など数多くのテレビドラマや田中雄二のピンク映画『若妻24時間暴行（80／田中と共同）』そして曽根中生『夕ぐれ族（84）』上垣保朗『美姉妹 剥ぐ！（85）』といったロマンポルノ作品、渡辺護「連続殺人鬼 冷血（84）」望月六郎「でべそ（96）」といった一般映画などの脚本を執筆し、2022年には雑誌「シナリオ」の連載をまとめた「シナリオ別冊 終生娯楽派の戯言 上・下」が刊行された。関本郁夫「スクール・ウォーズ HERO（04／山田立と共同）」市川徹「さくら、さくら ～サムライ化学者・高峰譲吉の生涯～（11／下島三重子と共同）」森達也「福田村事件（23／井上淳一・荒井晴彦と共同）」ちなみに『若妻～』『夕ぐれ族』『美姉妹～』には小平裕「喧嘩道（79）」特撮ドラ

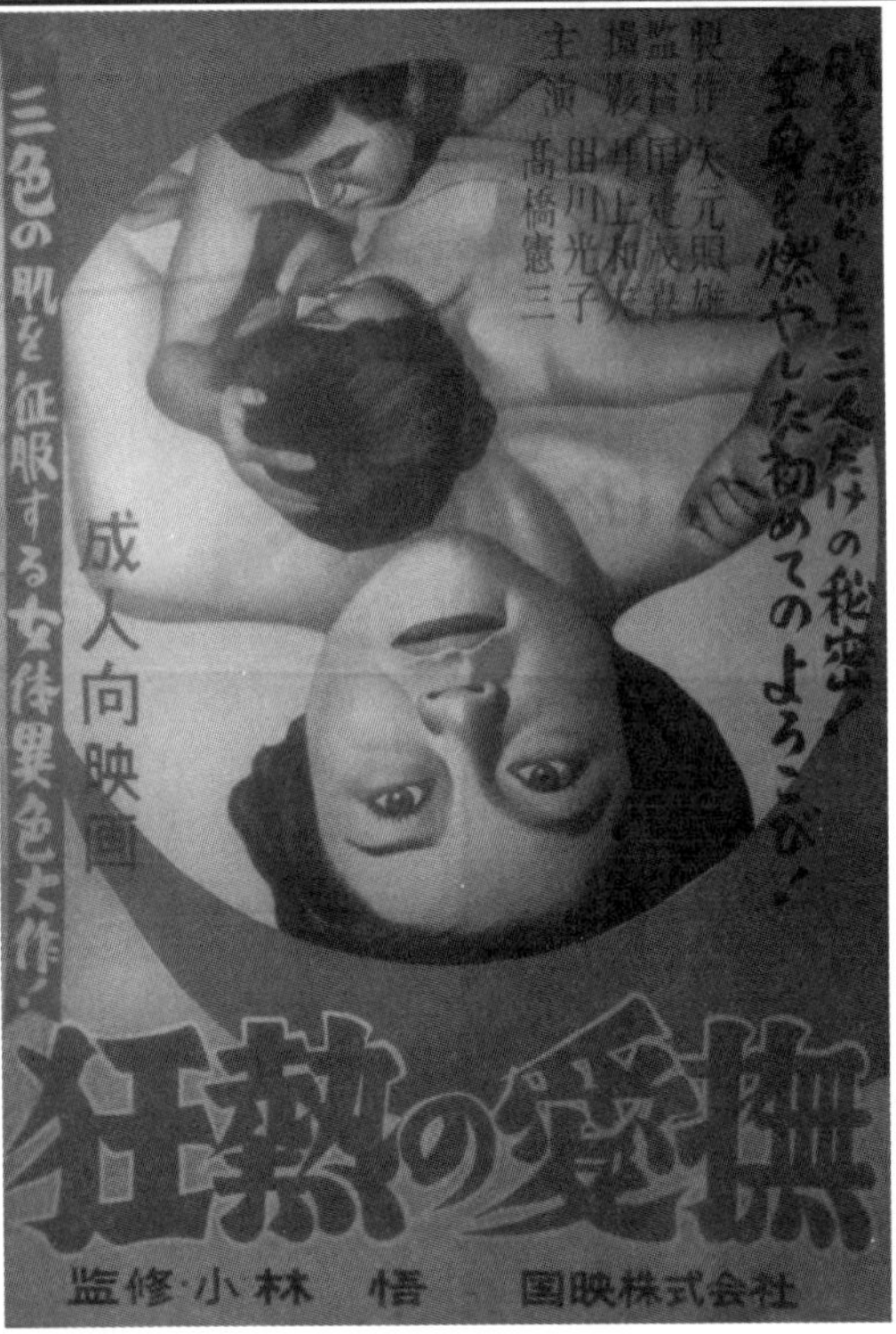

マ「大戦隊ゴーグルファイブ（82～83放送／青山三郎＝ゴーグルブルー役）」などに出ている石井茂樹（1960～）も出演。『若妻～』で共演している大島宇三郎（1951～）は北海道出身で《劇団四季》を経てロンドンに演劇遊学したり、「崑崙山の人々（73・2・16～18／草月会館ホール／演出：庄山晃）」アトリエ・ダンカン＋安澤事務所「ソールジャーズ・プレー―兵士たちのブルース（87・1・26～2・6／本多劇場）」といった舞台に立つほかにも「日本名作怪談劇場／第11話：怪談鰍沢（79・8・29放送／千吉役）」「星雲仮面マシンマン（84放送／オクトパスの幹部・トンチンカン役）」「武蔵MUSASHI／第31回：お通、いずこに（03・8・3放送／柳生徳斎役）」「明治開化 新十郎探偵帖／第6回：稲妻は見たり（21・1・22放送／住職役）」といった多くのテレビドラマや、中島貞夫「制覇（82／権野組組員・花森役）」大島渚「御法度（99／二番隊組長・永倉新八役）」近藤明男「エクレール・お菓子放浪記（11／巡査役）」といった映画に出ているが、1995年からはワークショップ「SPACE U」を主宰しており、「MASK（99・1・6～31／日生劇場／白衣の男役／演出：ジャニー喜多川）」「とき語り・源氏物語 其ノ三（09・4・28～5・1／梅若能楽学院会館・能舞台／源氏〈壮年源氏〉&明石入道役）」「ミュージカル李香蘭（22・4・23～5・8／自由劇場）」など客演も含めて多数の舞台に出演&演出も手がけ、雑誌「特撮ゼロvol・02・春の号（15刊）」〈アオ・パブリッシング〉の特集「星雲仮面マシンマン」では座談会「マシンマン同窓会」として、JOE Company の舞台「マギサの家（15・2・5～3・1／テアトル BONBON）」でも共演した大島

国定茂喜『狂熱の愛撫』(63)。このポスターはたぶん正規版ではなく、地方で作られた海賊版と思われる

&佐久田脩（高瀬健＝星雲仮面マシンマン役）&小野寺丈（亀太役／「JOE Company」主宰／２０２１年4月1日に芸名を「丈」と改めた）のトークを収録。また『若妻〜』でプロデューサーをつとめた大井武士が監督した『未亡人　羞恥責め（82）』の照明・渡辺敬三は今井正「橋のない川　第二部（70）」などの照明助手を経て、長嶺高文「歌姫魔界をゆく（80）」「ヘリウッド（82）」大井の『痴漢バス　良い妻・悪い妻・普通の妻（82）』林家しん平「深海獣雷牙（09）」などで照明を。なお、ムック「昭和の不思議１０１　２０２２年陽春号」の高鳥都さんによる記事「ピンク映画初の女性監督　幻のデビュー作『快楽の終宴』」によると「仮面ライダー」（71〜73放送）〜「仮面ライダーストロンガー（75放送）」や「ザ・カゲスター（76放送）」といった特撮ドラマなどに記録（スクリプター）として参加している紀志一子は「映画論叢33」でふれた佐々木一子のことらしく、紀志名義で阿部豊「恋人のいる街（53）」小田基義「やがて青空（55）」川島雄三「女であること（58）」といった東京映画作品や大貫正義のピンク映画『好色　森の石松（65）』などの記録として名前が。

戸田博史（ひろし）（１９４９〜）は東京都生まれで早稲田大学を中退して、中村幻児『人妻・ＯＬ・女子学生　狙って襲う（80）』『抱きたい女　抱かれたい女（81）』などの脚本を執筆&出演し、第1回ZOOM〜UP映画賞では新人脚本賞を夢乃愛と共同受賞。その後は「まんがはじめて物語（78〜84放送）「魔法のプリンセス　ミンキーモモ（82放送）」「ドラゴンボール改　魔人ブウ編（14〜15放送）」といったテレビアニメや今沢哲男「魁!!男塾（88／清水東と共同）」山口史嗣「劇場版　頭文字（イニシャル）D Third Stage（01／岸間信明と共同）」といった映画、「北斗の拳4　七星覇拳伝　北斗神拳の彼方へ（91・3・29発売）」「摩訶摩訶（92・4・24発売）」といったゲームなどの脚本を。

大澤治（１９４９〜）は東京都出身で早稲田大学を中退し、現代映像企画が製作&ロマンポルノ枠で公開された釜田千秋『淫姉妹　異常なしびれ（82）』『セミドキュメント　暴行魔・汚す（83）』や、釜田の『新妻密室拷問（86）』田胡直道『新未亡人下宿　地上げ屋エレジー（88）』といったピンク映画、原田聡明の16mm作品「すっぽんぽん（90／原田と共同）」海山公秀「霊縛　REIBAKU〜少女の縛り〜（06）」などの脚本を手がけ、鴨田好史のＯＶ作品「聖少女　濡れた花園（97・8・8発売）」では先に挙げた金子裕と共同で脚本を執筆。ちなみに『淫姉妹〜』に友情出演としてクレジットされた中丸新将（しんしょう）（１９４９〜）は神奈川県横浜市出身で桐朋学園大学短期大学部（現：桐朋学園芸術短期大学）演劇科の3期生となったのち入学後にジャック・ルコック国際演劇学校へ留学（71〜72年）し、帰国後に《劇団四季》へ入ったが、舞台以外にも「特捜記者　犯罪（やま）を追え／第25話：赤い点が光った（74・9・18放送）」「西遊記Ⅱ／第17話：泣くな八戒！瞳の中の愛（80・3・2放送／怒羅鬼役）」「大戦隊ゴーグルファイブ／第41話：変身パパの大冒険（82・11・20放送／高山忠男〈変身パパ〉役）」といったテレビドラマや小沼勝のロマンポルノ作品『修道女ルナの告白（76）』佐藤純彌「野性の証明（78／ゲリラの男B役）」といった映画に〝中丸信〟名義で出ていたが芸名を〝中丸新将〟と改めて以降も、蔵原惟繕「南極物語（83／第二次越冬隊の長谷川隊員役）」今村昌平「うなぎ（97／山下恵美子の不倫相手役）」といった映画や「あぶない刑事／第4話：逆転（86・10・26放送／クラブ「クローバー」の店長役）」「信長KING OF ZIPANGU／第13回：桶狭間の戦い・前（92・3・29放送／三好長慶役）」「大韓航空機爆破事件から20年　金賢姫を捕らえた男たち～封印された3日間～（07・12・15放送／蜂谷真一＝金勝一役）」「99・9―刑事専門弁護士― SEASON Ⅰ／request・05：黒幕は佐田!? 繋がった2つの事件～前編（16・5・15放送／東京高等検察庁検事長の十条武雄役）」「アバランチ／Episode4: 仲間（21・11・8放送／関東医師連合会長・神崎龍臣役）」といった数多くのテレビドラマ（2021時点で少なくとも500本以上）に出演し、栗本慎介「Cage（10／東京藝術大学大学院映像研究科映画専攻4期生修了作品）」では地方公務員・戸籍課の元宮役で主演をつとめ、樋口尚文「インターミッション（13）」では映画館の観客・シンショー役を演じて娘の中丸シオン（シオン役）と初共演を果たした。また『～暴行魔・汚す』で主演した小川亜佐美（1955～）は新潟県新潟市沼垂東生まれで都立駒場高等学校を卒業後に病院の見習い看護婦兼事務員などをしていたが、小沼勝『OL官能日記　あァ！私の中で（77）』神代辰巳『快楽学園　禁じられた遊び（80）』などのロマンポルノ作品や、アイランド・コーポレーションが製作＆＆ロマンポルノ枠で公開された山本晋也『赤塚不二夫のギャグ・ポルノ　気分を出してもう一度（79）』や、勅使河原宏が作・演出を手がけた日劇ミュージックホールの公演「知らなかったの!!ピンクレディの甘い罠／2部5景『海』（78・10・27～12・26）」流山児祥が主宰する《演劇団》の舞台「碧い彗星の一夜（82・9・15～19／ザ・スズナリ）」などに出ながら劇団を組んでストリップ劇場に出ていたとき舞台用の台本を書いたのがキッカケでシナリオライターとしての仕事も始め、日本放送作家協会会員の〝小川あさ美〟名義で「ドラえもん／第822話：イライラエネルギー探知機（85・7・12放送／コンテ・演出：原恵一）」「同 第849話：入れかえロープ（86・1・17放送／コンテ・演出：原恵一）」「同 第943話：かげふみオイル（87・11・6放送）」や「オバケのQ太郎／第310話：すりかえ卵（86・5・9放送）」「Bugってハニー／第34話：ああ!? 幻のスケルトン（87・5・29放送）」といったテレビアニメの脚本を手がけ、そういう繋がりからスネ夫役の声優・肝付兼太が1983年に旗揚げした劇団《劇団21世紀FOX》の第19回公演「アリス・イン・ワンダーランド（90・9・4〜9／新宿シアターモリエール）」では黒の女王役を演じたらしい。そして『〜暴行魔・汚す』に出ている吉原正皓（まさひろ）（1936〜）は長野県出身で松商学園高等学校を卒業し、劇団エトセトラ／テレビタレントセンター（第2期生）／グループ波／NACなどへの所属歴があるが、吉田功「村でひとつの泉（62／38分）」小原宏裕『桃尻娘 ラブアタック（79／岡田部長役）』舛田利雄「二百三高地（80／寺内正毅役）」伊丹十三「マルサの女2（88／専務役）」といった映画や、「ウルトラセブン／第14話：ウルトラ警備隊西へ 前編（68・1・7放送／イトウ博士役）」「江戸を斬るⅣ／第21話：紫頭巾の幽霊退治（79・7・2放送／源次役）」「西遊記 Ⅱ／第15話：黄金妖怪婿どの買います（80・2・17放送／小銅妖役）」といったテレビドラマにも多数出ており、山本薩夫「あゝ野麦峠（79）」やテレビドラマ「美貌なれ昭和（85・10・1放送）」では方言指導としてクレジットされ、吉幾三主演のMV＋ドラマというOV作品「俺ら東京さ行ぐだ〜純情編〜（85・5・25発売／40分）」には巡査役で出演。ちなみに「村でひとつの泉」には吉原の他に本連載でも前に取り上げた近衛敏明・奥村公延・起田志郎らが出ており、助監督の国定茂喜は『狂熱の愛撫（63）』というピンク映画を監督しているものの「映画芸術 1964年9月号」に載っている〃短大卒／フリー〃という経歴と当時31歳（1933or34年生まれ）というぐらいしか情報は無く、近江俊郎「坊ちゃんの逆襲（56）」の助監督として吉田功の名前＆『狂熱の愛撫』の監修として小林悟の名前があるので、国定も旧・新東宝出身で倒産後フリーになったのかもしれない。『〜ロリータ凌辱』の照明・馬野雅由は山崎佑次＆川島和雄「反国家宣言 非日本列島地図完成のためのノート（72）」には製作進行として、上林栄樹「廻れメタモルフォーゼの地底から（76／30分）」にはセカンド助監督として、森田芳光「の・ようなもの（81）」にはチーフ照明助手として参加。

福間健二（1949〜2023）は新潟県中蒲原郡亀田町（現：新潟市江南区）生まれで1958年に父の転勤に伴い移り住んだ東京都杉並区関根町で育ち、都立西高等学校在学中の17歳頃から若松プロに遊びに行くようになり、東京都立大学人文学部英文学科を卒業した詩人＆映画評論家＆映画監督であり、若松孝二『通り魔の告白 現代性犯罪暗黒篇（69）』で主演し、足立正生『女学生ゲリラ（69）』などに出ていることは前にも記したが、サトウトシキ『悶絶本番 ぶちこむ!!（95）』では9ヶ月後に封切られた自身の監督作「急にたどりついてしまう（95）」で伊藤猛が演じた主人公の名前でもある〃立花信次〃名義で脚本執筆

&カフェの男役で出演し、詩集「急にたどりついてしまう（88刊）」〈ミッドナイト・プレス〉に収められた詩から「トラブル」「むこうみず」を劇中で引用。1996年には「ピンク・ヌーヴエルヴァーグ　佐藤寿保、佐野和宏、サトウトシキ、瀬々敬久の挑戦」〈ワイズ出版〉を上梓しており、ミニコミ誌「鷽（うそ）19号」には『悶絶〜』「急に〜」のシナリオ&「二つのシナリオについて」という文章も収録。『悶絶〜』の照明助手・加藤賢也は大森一樹「ゴジラVSビオランテ（89）」阪本順治「トカレフ（94）」などの照明助手を経て、的場ちせ（＝浜野佐知）『ピンサロ病院4　ノーパン看護（01）』三島有紀子「刺青　匂ひ月のごとく（09）」などで照明を。「急に〜」で立川ピストルズの元メンバーのキー坊役を演じた仙波豊喜は愛媛県出身で、「急に〜」の助監督・松岡邦彦が監督した『ドすけべ母娘（95／高校生のカケル役）』や松岡のOV作品「人妻・青年狩り（97・11・1発売）」などに出たり、第10回こどもの城　キリン・ファミリー劇場／Platinaum Papersプレゼンツ「7人のこびとと白雪姫（95・8・23〜27／こどもの城青山円形劇場）」ナイロン100℃「下北ビートニクス（96・5・12〜20／シアターアプル／普通のウェイター役）」東京タンバリン「あさがおの鉢（97・7・31〜8・3／明石スタジオ）」「SAND-WICH（99・1・14〜17／明石スタジオ／品川役）」といった舞台に立っており、「急にたどりついてしまう」のパンフレットを見ると〝仙波豊喜　改め　うついはると〟とあるも、うつい名義で関わった具体的な作品名などは見つけられなかったが、2003年に東京から帰郷して就農し松山市平井町にある仙波牧場を経営しており、現在は中予地区酪農経営者協議会会長もつとめているようだ。「急に〜」の助監督・松岡邦彦が監督した『変態の恋・蝶　整形美容師（07）』の撮影・岩松茂は大林宣彦「さびしんぼう（85）」篠田正浩「舞姫（89）」などの撮影助手を経て、高畑隆史「歌うヒットマン！（11）」和田秀樹「銀座並木通り　グラブアンダルシア（14／三栗屋博・今泉尚亮と共同）」などで撮影を。『変態の〜』の照明助手・宮永昭典は窪田将治「スリーカウント（09）」サーモン鮭山「101回目のベッド・イン（16）」などで照明を。松岡の『どすけべ父娘　淫らな性生活（97）』の照明助手・佐々木英二は神山征二郎「遠き落日（92）」石井輝男「無頼平野（95）」松岡の『玲子の秘密　多淫症の人妻（01）』などの照明助手を経て、熊澤尚人「虹の女神　Rainbow Song（06）」中田信一郎「天使がくれたもの（07）」などで照明を。松岡の『義母尻　息子がしたい夜（02）』の撮影助手・中澤正行（1971〜）は滋賀県長浜市出身で1996年日活撮影所に入社し、伊丹十三「マルタイの女（97）」中原俊「コンセント（02）」などの撮影助手を経て2002年にフリーとなり、冨樫森「あの空をおぼえてる（08）」宮野ケイジ「夢二　愛のとばしり（16）」井上竜太「リ

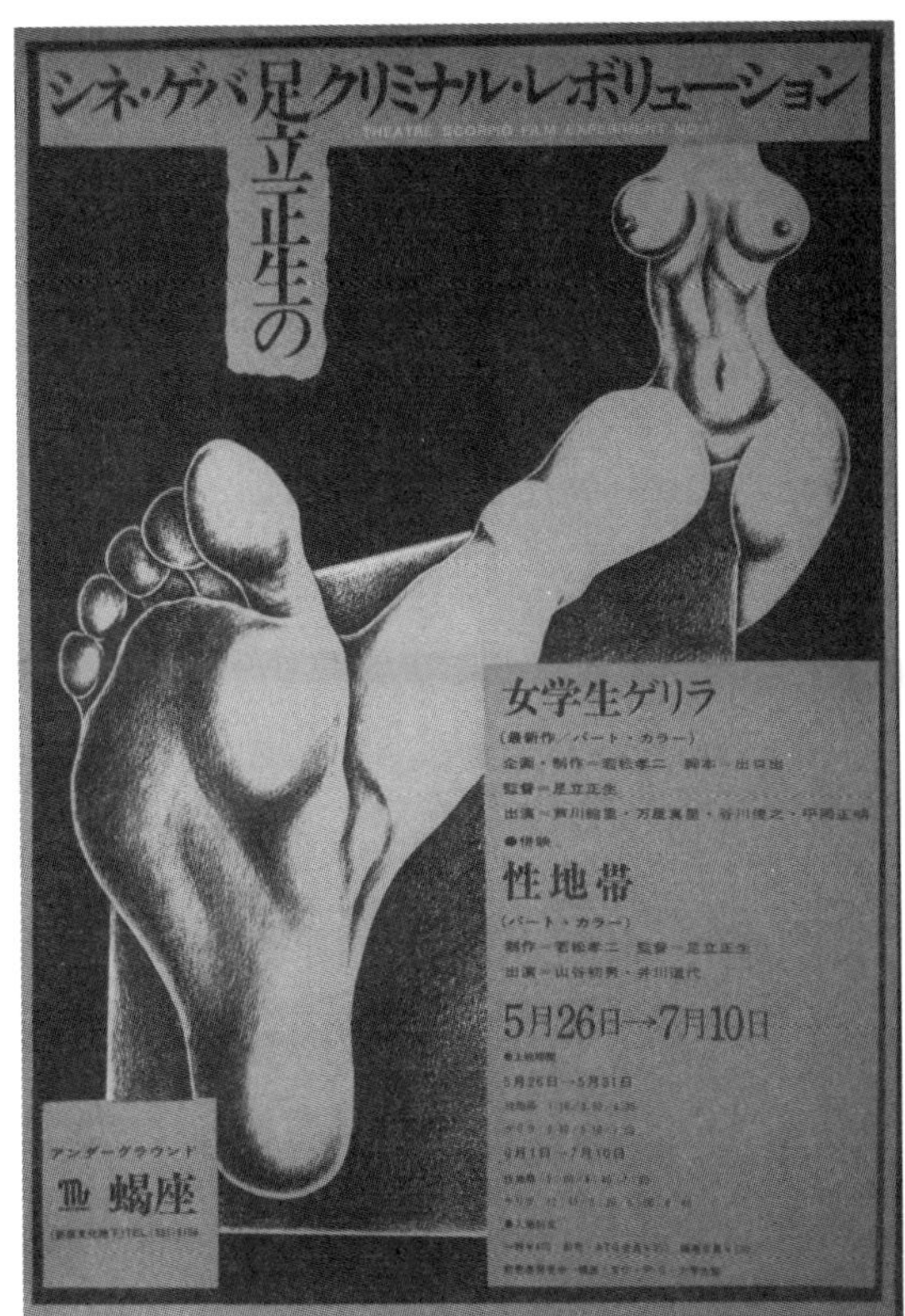

《アンダーグラウンド蝎座》の特集上映『シネ・ゲバ～足立正生のクリミナル・レボリューション』のポスター。福間健二が出演した『女学生ゲリラ』(69) 等を上映

スタートはただいまのあとで（20）」などで撮影を。なお『悶絶～』や福岡芳穂『イカせたい女（96）』などに出ている細谷隆広（1955～）は専修大学三年の時に東宝撮影所でアルバイトを始め、岡本喜八「姿三四郎（77）」市川崑「女王蜂（78）」などに参加し、卒業後に入社した武蔵野興業で《大井武蔵野館》《中野武蔵野ホール》などの支配人をつとめ、現在はフリーランスで映画宣伝を手がけているが、ピンク映画出演は「アテネ・フランセ文化センター」の安井豊とピンク四天王作品の連続上映会「新日本作家主義列伝」を企画したという繋がりからか。ちなみに白石和彌「止められるか、俺たちを（18）」では外山将平（1995～）が福間健二役を演じている。

佐々木美規慎（みきちか）（1949or50～）は「キネマ旬報　1976年11月上旬号」「浪人街通信　第1号（76刊）」「映画雑徒　2号（77刊）」「だっくす　1978年7・8月号」などに映画やマンガに関する文章を寄稿しているが、若松孝二『残忍連続強漢魔（79）』『現代性犯罪　暴行監禁（79）』『現代性犯罪　全員殺害（79）』の脚本を執筆。脚本家としてのその後の活動は不明だが、一般社団法人映画演劇文化協会とシナリオ・センターが主催する第23回（2012）シナリオS1グランプリで「夏、旅の祈り」が審査員奨励賞を受賞するなど、その後も執筆活動は続けているようだ。

田部（たべ）俊行（1950～）は東京都出身で早稲田大学社会科学部を卒業し「太陽にほえろ！（72～86放送）」「あぶない刑事（デカ）（86～87放送）」といった

テレビドラマや、白鳥信一のロマンポルノ作品『女事務員 色情生活（82）』梅沢薫『処女（血）吊し（83）』下村芳樹『ファンタジック・ロマン 黒髪くずし（84／間聡美と共同）』工藤栄一「泣きぼくろ（91）」などで脚本を執筆し『〜黒髪くずし』には出演も。なお『〜黒髪くずし』で共演している荻原賢三（1937〜1999）は東京都出身で「草燃える／第18回：亀裂（79・5・6放送／内大臣実定役）」「長七郎天下ご免！／第56回：ちゃんが覗いた火焔地獄（80・12・25放送／才次役）」「お金がない！／第11話：お金がある！（94・9・14放送／検察官・小野寺役）」「警部補 佃次郎／第8作：女たちの事情（99・7・27放送／柴田役）」といったテレビドラマや、小原宏裕のロマンポルノ作品『愛の白昼夢（80／警察官役）』大森一樹「ゴジラvsビオランテ（89／陸上幕僚長・志村武雄役）」ウォン・ジン（王晶）「シティーハンター〈城市獵人〉（93・香港／今村清子の父親役）」といった映画、児玉高志「ミナミの遊侠伝 なんぼのもんやねん（94・5・13発売）」鴨田好史「女囚拷問責め（98・5・22発売）」といったOV作品などに出演。やはり『〜黒髪くずし』で共演している根本俊二は「ザ・スーパーガール／第41話：女の肌は三億円の秘密金庫（80・1・7放送）」「OUT〜妻たちの犯罪〜／第5回：逮捕（99・11・9放送）」「京女刑事・真行寺メイ／第2作：絹の道・殺人事件（05・3・6放送／権藤章介役）」といったテレビドラマや、「リチャード三世（87・11・8〜30／PARCO劇場／刺客役＋市民役＋兵士役）」「職員室の午後（98・4・8〜12／シアターX／村松四郎役：主演／第1回劇作家協会最優秀新人戯曲賞受賞作品）」三人囃子＋劇団ギルド公演「枝の上の白色レグホン（05・6・16〜19／シアター&カンパニー コレド）」diamond-Z配給芝居・第6回「台所太平記（21・2・26〜28／日本橋公会堂4階・日本橋劇場／千倉磊吉役）」といった舞台に出ているようで、あるいはテレビドラマ「男！あばれはっちゃく／第47話：あばれラーメンマルヒ作戦（81・2・21放送）」でも根本と共演しており、先にロマンポルノ作品にも出ていた荻原賢三の紹介で『〜黒髪くずし』へ出たのかもしれないが、根本の詳しいプロフィールは不明。そして梅沢薫『若妻密室暴行事件（85）』の照明助手・岡本滝河は高瀬昌弘「飛び出せ！青春（73）」根岸吉太郎「遠雷（81）」やテレビドラマ「達磨大助事件帳（77〜78放送）」「若さま侍捕物帳（78放送）」などの照明助手を経て、坂上忍「THE Junk Food Generation（00）」で照明を。

由布木皓人（1950〜）は東京都の兜町で生まれ、歌手／画家／馬券師など職業を転々としたあとに書き上げた短編を武蔵境のバーで知り合った志茂田景樹に見せ「小説CLUB」〈桃園書房〉を紹介してもらい、その後は官能小説家として「女教師と少年」「肉欲の怪人」といった数多くの作品を執筆しているが、渡辺護『生板本番 かぶりつき（89）』の脚本も執筆。ちなみに『生板〜』にナレーションとしてクレジットされている渡辺典子（1935〜2020）とは1972年に渡辺護監督と結婚した声優で、アニメや映画の他にピンク映画で声の吹替（アフレコ）などもやっていたらしい。なお由布木はイタロ・カルヴィーノ／ピエル・パオロ・パゾリーニ／アルベルト・モラヴィアなど伊文学の翻訳家である米川良夫（りょうふ）の弟子となり〝石月（いしづき）正広〟名義でタイムスリップを絡めた超時代ミステリー「写楽 二百年の振り子」を執筆し、以降も「競馬狂ブルース」シリーズや「渡世人」といった時代小説などを手がけ、「羅生門河岸心中 時代連作・廓十景」〈廣済堂文庫〉に収録された「食む」により第9回日本文芸家クラブ大賞・短編小説部門大賞を受賞。

若松孝二『現代性犯罪　全員殺害』(79)。脚本・佐々木美規慎。女性は島明海。男性は椙山拳一郎か

久須美欽一（くすみきんいち）（1950〜）は神奈川県横浜市出身で、日本大学文理学部在学中に劇団（のちに「野武士の会」と命名）に参加。〝久須美護〟名義で特撮ドラマ「レッドマン（72放送）」「流星人間ゾーン（73放送）」や「ウルトラマンレオ（74〜75放送）」のアストラ、柏原寛司の項でふれた「クレクレタコラ」のピラゴン&イカリーなどのスーツアクターをしたり、岡本喜八「吶喊（とっかん）（75）」などに出演し、梅沢薫『異常変態妻（82）』荒木太郎『飯場で感じる女の性（00）』小川欽也『湯けむりおっぱい注意報（17）』といったピンク映画にも数多く出ているが、〝夏季忍〟名義で深町章『若奥様は発情期

(89)』新田栄『いんらん三姉妹（94）』などの脚本を手がけ、西川卓『立体本番 ハード・オーガズム(91／〝夏木忍〟名義)』などでは助監督も経験。なお『若奥様～』の撮影助手・藤井昌之は佐藤寿保『本番バイブ 折檻（92）』岩井俊二「スワロウテイル（96）」山崎邦紀『和服夫人の身悶え ソフトSM編（99）』黒沢清「降霊（01）」などの撮影助手を経て、熊澤尚人「君に届け(10)」チャン・ゴンジェ「ひと夏のファンタジア（16）」などで撮影を。『和服夫人～』のセカンド撮影助手・渡邉隆輔は岩松了「たみおのしあわせ(08)」錦織良成「うん、何？（08）」などの撮影助手を経て、林家しん平「落語物語（11）」の撮影を。『立体本番～』の照明・磯貝誠は福田晴一『骨ぬき(67)』などの照明助手を経て、土方鉄人「戦争の犬たち（80）」川島透「竜二（83）」和泉聖治『ワイセツな女 黒い肌に泣く（85）』などで照明を。『ワイセツな女～』の撮影・佐々木原保志（1950～）は北海道留萌市出身で北海道帯広三条高等学校を卒業後に上京し、日活芸能ビデオでの照明アルバイトを経て撮影助手となり、滝田洋二郎『連続暴姦（83）』片岡修二『地下鉄連続レイプ OL狩り（86）』などで撮影を手がけ、第8回ZOOM～UP映画賞で技術賞を受賞し、北野武「その男、凶暴につき（89）」竹中直人「無能の人（91）」石井隆「死んでもいい（92）」といった作品での仕事により第21回柴田賞／第18回おおさか映画祭撮影賞／第14回ヨコハマ映画祭最優秀撮影賞などを、奥山和由「RAMPO（94）」竹中の「東京日和（97）」での仕事により日本アカデミー賞優秀撮影賞（第18／21回）を受賞しており、キネ旬ムック フィルムメーカーズ⑮ 竹中直人(01刊)〈キネマ旬報社〉には佐々木原×安河内央之(照明)×北村峰晴(録音)×斎藤岩男（美術）によるスタッフ座談会が掲載されている。そして新田栄『BLONDEバイブ OMANIE（85）』の照明・尾畑弘昌は東陽一「マノン（81）」大林宣彦「転校生（82）」などの照明助手を経て、大嶋拓「火星のわが家（00）」三木康一郎「のぞきめ(16)」などで照明を担当。ちなみにスーツアクター時代を中心とした久須美のインタビューが「特撮秘宝 vol.4(16刊)」に、ピンク映画時代についてはピンク映画専門のミニコミ「PG No.2（94刊）」に掲載。また、ウルトラマンレオのスーツアクターとして久須美（アストラ役）と共演した二家本辰己（1953～）は山口県周南市出身で徳山技能専門校（現：山口県立東部高等産業技術学校）を卒業し就職したものの、17歳の時に上京してジャパン・アクション・クラブ（現：ジャパンアクションエンタープライズ）に入って2年間ほど在籍し、その後もスタントマン／スーツアクター／殺陣師／アクション監督などで村川透「野獣死すべし（80）」阪本順治「王手（91）」北野武「首（23）」など多くの作品に参加しており「特撮秘宝 vol.3(16刊)」にインタビューも掲載されているが、関根和美『イヴの衝撃 不貞妻の疼き

(02/林直樹役)』に出ているのは、二家本と昔からの知り合いで『イヴの衝撃~』で平田浩二役を演じている町田政則(1955~)からの紹介かも。そして「ウルトラマンA(72~73放送)」の第13&第14話でウルトラ5兄弟の一人を演じ久須美(ゾフィー役)と共演している薩摩剣八郎(1947~2023)は鹿児島県出水市生まれで高校を卒業後に就職した川崎製鉄(現:JFEスチール)を辞めて日活演技研究所1期生となり、劇団日活青年劇場(芸名〝久坂龍馬〟)を経て日活の専属俳優から三船プロダクションに移籍して芸名を〝中山剣吾〟に改め、その後は劇団《土》やピープロの専属劇団《河童》などを立ち上げるも自然消滅し、橋本幸治「ゴジラ(84)」でゴジラのスーツアクターをつとめるのを期に芸名を〝薩摩剣八郎〟として大河原孝夫「ゴジラVSデストロイア(95)」までゴジラ役をつとめたが、他にも小林悟・国沢実『新人OL 部長のいたずら(99/友情出演)』小林悟『どすけべ女社長 未亡人の性欲(00)』『川奈まり子桜貝の甘い水(02/医者役)』といったピンク映画に出ており、北朝鮮製作の怪獣映画「プルガサリ 伝説の大怪獣(85)」でプルガサリ役を演じた体験を記した「ゴジラが見た北朝鮮 金正日映画に出演した怪獣役者の世にも不思議な体験記(88刊)」〈ネスコ〉や「俺は俳優だ 着グルミ役者と呼ばれて30年(04刊)」〈ワイズ出版〉などの著書も。

掛川正幸(1951~)は神奈川県横浜市中区生まれで新宿の飲み屋で知り合った高橋伴明監督の紹介で1975年若松プロダクションに参加し、若松孝二『拷問百年史(75)』『十三人連続暴行魔(78)』『聖少女拷問(80)』『密室連続暴行(81)』などの脚本を〝出口出〟名義で執筆。また〝馬津天三〟の名前で中村幻児『女子学生 恍惚の玉ころがし(76)』『暴性族襲う(79)』などの脚本を手がけたり、若松の『十三人~(暴行魔役で主演)』『聖少女~』などに出演し、若松の「実録・連合赤軍 あさま山荘への道程(みち)(08/若松&大友麻子と共同)」「11・25自決の日 三島由紀夫と若者たち(12/若松と共同)」といった映画の脚本も掛川名義で執筆。若松の著書「時効なし。(04刊)」〈ワイズ出版〉の編者(小出忍と共同)でもある掛川は1981年から週刊誌の記者として国内や海外など50数ヶ国を取材しており「二つの悲劇 —東日本大震災とスローフード運動(11/24分)」という短編ドキュメンタリーの監督作品も。余談だが、飯岡順一の著書「私の『ルパン三世』奮闘記 アニメ脚本物語(15刊)」〈河出書房新社〉にはアクションを書ける脚本家ということで演出の大隅正秋が呼んだ大和屋竺や、本連載でもふれた七條門/宮田雪/荒木芳久/金子裕/柏原寛司(劇場版やTVスペシャルの脚本も執筆)/橋本以蔵(PARTIII・第36話「鴬の舞い降りる時」)などの他に、早大映画研究会で一緒だったという繋がりから金子裕が紹介した高橋伴明(第2シリーズ・第47話「女王陛下のズッコケ警部」同・第98話「父っつあんのいない日〈註：高橋の初稿を杉和幸（脚本家たちの共同筆名？）＆高階秋成が手直し〉」）や、のちにピンク映画を監督するいとうまさお（第2シリーズ・第147話「白夜に消えた人魚〈註：高屋敷英夫が全面的に改訂〉」）そして掛川（第2シリーズ・第53話「狂気のファントマ・マークⅢ〈註：金子裕が全面的に改訂〉」）らが脚本家として「ルパン三世」シリーズに関わることになった経緯なども記されている。

谷口秀一（1952〜）は大阪府生まれで、劇団東京ヴォードヴィルショーの演出を経て高平哲郎が設立した編集プロダクション「アイランズ」に入社しているが、高平が赤塚不二夫や滝大作と共同で脚本を書いた山本晋也「下落合焼とりムービー（79）」に〝ギャグ提供〟としてクレジットされたり、山本のピンク映画『女子大生 痴漢のすすめ（81）』の脚本を山田勉（＝山本）と共同で執筆しているのもそういった繋がりからだと思われる。放送作家として参加したテレビバラエティ「笑ってる場合ですよ！（80〜82放送）」「森田一義アワー 笑っていいとも！（82〜14放送）」「吉本印天然素材（91〜94放送）」などでは構成や演出として、「ハッピーボーイズ！（02放送）」「爆笑おすピー大問題!!（04〜05放送）」「金のA様×銀のA様（05〜06放送）」などではスーパーバイザーとしてクレジットされ、〝谷口フウゾク秀一〟名義で構成として参加した「ひょうきん予備校（86〜87放送）」ではオープニングの「ひょうきん予備校 校歌」の作詞も。また、1991年にホテルメトロポリタン（東京）やホテルプラザ（大阪）などで開催された参加型の本格推理イベント「ミステリーナイト 捩れた時間」の演出を担当したり、多田羅敬二のOV作品「けん玉（92・7・24発売）」の脚本も執筆し、谷口が脚本・演出を手がけた九十九一＆みやなおこによる全編大阪弁の二人芝居「なんぼのもんじゃい」は〝現代版・雨月物語〟とも評されて1987年の初演から再演を重ねており、2004年には7回目の再演があった。

萩原芳樹（1952〜）は兵庫県姫路市生まれで高校2年生のとき毎日放送のラジオ番組「ヤングタウン」や同局のテレビ番組「ヤングおー！おー！」にアマチュア漫才師として出演し、大阪芸術大学進学と同時にピン芸人「ダッシュとんぺー（桂三枝＝現：六代桂文枝が命名）」として両番組の前説を任され、1972年に〝団順一〟の芸名で島田洋七（当時の芸名は〝島田洋一〟）と漫才コンビ「B＆B（初代）」を結成するも、1年ほど経ったころ「はな寛太・いま寛大」の舞台を見て自信を喪失した団は失踪という形で吉本を辞めて上京し、〝団五郎〟の芸名でキャバレー回りをしたりアグネス・チャン／天地真理／キャンディーズなどの専属司会もつとめ、渡辺プロが経営する銀座のライブハウス「メイツ」で司会をしていた頃には、お笑いコンビ「マックボンボン」を解散した志村けん（当

若松孝二『十三人連続暴行魔』(78)。脚本・掛川正幸。オーバーオール姿でチョコチョコ写っているのが主演の〝馬津天三〟こと掛川正幸。女性は荒木クミ子か。音楽担当・フリージャズ・ミュージシャンの阿部薫

時の芸名は〝志村健〟の相方にとドリフターズのマネージャーから誘われたり、客として来店していたいかりや長介がドリフの新メンバー候補として名前をあげたこともあったらしい。23歳のとき家庭の事情で姫路へ戻るも、シナリオコンクールに応募するなど脚本家を目指すようになって28歳ごろ再び上京し、日活のプロデューサーを紹介してもらい書いたのが（おそらく）現代映像企画が製作&ロマンポルノ枠で公開された平川弘喜『セックスドキュメント 器具販売人(82)』の脚本で、山本晋也『色情ポルノ 激しく動いて(82)』平川の『セックスドキュメント 犯してなぶる(83)』『松本竜助のハイ、本番です(83)』といったロマンポルノの買取作品の脚本も「オレたちひょうきん族（81〜89放送）/〝萩原カラオケ芳樹〟名義」などの構成作家をしながら執筆し、『〜ハイ、本番です』のシナリオは雑誌「EIGA NO TOMO 1983年6月号」〈近代映画社〉に掲載。また、東活のピンク映画の脚本を毎月のように書いた時期もあったらしいが作品名などは不明で、他にも「4時ですよ〜だ（87〜89放送）」「クイズ！紳助くん（93〜11放送）」「人気者でいこう！（97〜01放送）」といったテレビ番組や「R―1ぐらんぷり（予選の審査委員も）」などに携わり、

現在は兵庫県芦屋市で暮らしながら「上方漫才大賞」の構成や「お茶子のブルース（09・3・5～21／京橋花月）」「あかんたれ芸人の詩（11・1・28～29／ABCホール）」といった舞台の脚本・演出なども手がけている。なお『松本竜助～』でマネージャー役を演じた山﨑善次郎（1957～）は福岡県の博多生まれで山口大学文理学部を卒業して吉本興業へ入り、吉本の東京事務所が設立されると上京して桂三枝（現：6代桂文枝）／紳助・竜介／明石家さんま／野沢直子など様々なタレントのマネージャーを歴任するも1988年の退社後は福岡県に帰郷し、1993年に山﨑が上梓した「なんでやねん!? 吉本興業の人々」〈文化創作出版・MY BOOK〉によると、当初『松本竜助～』は沢田研二のシングル「背中まで45分（83発売）」にひっかけて『ホテルまで15分』という題名が付けられていたが、にっかつの配給担当からダメ出しがあり現タイトルになったことや、山﨑が出演した経緯などが記されている。

岸宗生（1952～）は宮城県仙台市生まれで1978年に横浜放送映画専門学院（現：日本映画大学）研究科を卒業し、「忍者ハットリくん（81～87放送）」「パーマン（83～85放送）」などのテレビアニメや増田俊光『OL・濡れて堕ちる（83）』三池崇史のOV作品「仁義なき野望（96・4・12発売）」などで脚本を執筆しているが、池端俊策の項でふれたテレビドラマ「イエスの方舟 イエスと呼ばれた男と19人の女たち」では脚本協力としてクレジット。

【追記】

「映画論叢54」でふれたジャズピアニストの萩原秀樹（萩原哲晶の実弟）について新たな情報を入手。萩原は1931年北海道生まれで、国立音楽大学ピアノ科在学中から「南里文雄・ジュニア」という楽団（↑詳細不明／文雄の息子・南里雄一郎のバンド？）に入っており、その後は「ジミー竹内とファイブ・スターズ」を経て「萩原秀樹・ピアノ・トリオ」を結成し、「沢田駿吾とダブル・ビーツ（1956年ごろ参加）」「平野快次とドン・ファイブ（↑田坂具隆「陽のあたる坂道（58）」の銀座裏のジャズ喫茶・オクラホマの場面に登場しジミー小池（川地民夫）のバックでも演奏しているが、萩原の加入時期がわからないので写っているかは不明）」を経て自らのクインテットを持ち、さらに「シックス・レモン」「海老原啓一郎クインテット（1958年結成&加入）」に移ったようで、「萩原秀樹とそのグループ」「萩原秀樹とシューティング・スターズ」名義のレコードなどもあるようだ。

『エロチカ色合戦（72）』『背徳女教師（80）』『牝獣（91）』『OL 性の裏窓（01）』など小川欽也（卓寛／和久）監督作品の脚本を50本以上執筆している池袋高介が、「映画論叢62」でふれた高山銀之助の変名だと判明。

（ひがしや・としき）

森の石松、一本槍

浪曲師・広沢若太郎との一日

飯田一雄

西日が少し翳ったあたりの浅草駒形どぜう屋の大広間の片隅に陣取った浪曲師、広沢若太郎はここが一番似合った場所なのです。

ひょいと、どぜう鍋から一匹つまみとって口に入れる。若さんは、もう、ほんのり桜色だ。同年輩の私にとって気が合う仲間です。

「ねェ若さん、今までで記憶に残った仕事は?」

「NHKの浪曲大会に出たことかな」

「二番は?」

ここで石松三十石船のようにお互い顔を見合わせてくすッと笑う。

「そりゃぁ、あれだろう。遠州森町の仕事だろう」

「そうですねえ。二つとも広沢若太郎の傑作舞台でしたものね」

私も共感して頷く。物カキをはじめた頃だった。若さんはひとつ兄貴。どこにでも付いて回った。若さんは浅草生まれで横浜育ち。こういう「どぜう屋」のような江戸ふうの店がよく似合う。粋なのだ。

広沢若太郎

敗戦後の浪曲界は壊滅的な衝撃をうけました。GHQにより軍国主義、武士道、歴史的な事件は一切上演を禁止されました。浪曲は中央の劇場から締め出され、多くの芸人は地方に流れていきました。

昭和二十六年、民間放送が開始され、耳で聞く芸能と

してラジオ放送は浪曲をとりあげました。しかし、昭和二十八年にテレビ放送が開始され、一時、盛り上がった浪花節も影を潜めてしまいました。銭湯の湯槽でうなり声をあげた風情も姿を消しました。浪曲界の氷河時代です。

しかし、本当に大衆は浪曲を嫌ったのでしょうか。

広沢若太郎が浪曲界に入門したのは昭和四十年のことでした。浪曲が好きでたまらなかったのです。得意な読み物は「清水の次郎長・森の石松」一本槍。

およそ浪花節といえば広沢虎造の「三十石船」ほど親しまれた演目はほかにない。虎造が他界し、それを受け継ぐ若太郎が、虎造のテープレコーダーと陰口があっても、私は心情として支持したい。それほど虎造を一途に惚れ込んで浪曲界に入門した若太郎の、純粋ないじらしさが胸を打つ。

船の乗客　街道一の親分といえば駿河の国は阿部郡清水港の宇土町に住む、山本長五郎。通称、清水次郎長。これが街道一の親分よ。

石松　ああ、有難てェ。さっきから待っていたんだ。一杯呑ましてやろう。おい。江戸っ子。寝起きのいいの。お前だよ。ここに座んねえ。

乗客　ありがとう。

石松　江戸っ子だってなァ。

乗客　神田の生れよ。

石松　うむ！　次郎長ってのはそんなに偉れェのか。

乗客　関東八ケ国、親分の数あるなかで次郎長ぐらいエライのが二人とあってたまるかい。

石松　飲みねェ、飲みねえ。寿司を食いねェ。こっちへ寄んねェ。江戸っ子だってなあ。

乗客　神田の生まれよ。お前さんの前だけど次郎長ばかりが偉いんじゃない。いい子分がいるぜ。

石松　飲みねェ。寿司食いねェ。おい。もっとこっちへ寄んねェ。

ＪＲ東海道線、掛川から天竜浜名湖線。三十分で遠州森駅に到着。この大洞院という寺を中心にフシギな町の行事が行われている。『石松供養祭』。どういう経緯か広沢若太郎が出演を依頼され、私も参加したことがことの次第です。

森の石松は三河生まれ、代々庄屋をつとめた家柄で、石松の父の代に没落し父親は幼い石松を連れて森町に。神社の祭礼の日に雑踏のなかで迷子になり、その頃、秋葉街道に縄張りを持ち侠名をはせた森の五郎親分に引き取られ、少年時代を森町で過ごした。

その後、清水次郎長の子分になる。石松は次郎長の代参として金比羅参りをして、帰りに都田村の都鳥吉兵衛兄弟にだまし討ちにあい悲惨な最期を遂げた。

石松は極めて正直、単純な性格であったが、正義を尊び、不義背徳を憎み、横暴な権力に反抗し、常に弱者の味方であった。当時の侠客社会にあっても、稀に見る快男児であったと言われている。

大洞寺境内には石松の墓と清水次郎長の碑がある。

春浅い三月下旬、空気の澄んだ遠州森駅の駅前の景色は昔を想わせる自転車預かり所。古風な飲食店。なんともレトロそのものだ。

集合場所の駅前にトラックが到着する。いよいよ町を挙げての『石松まつり』の開幕です。

トラックの幌から飛び出したのは清水次郎長一家二十八人衆の面々です。反社会的な暴力集団ではないか。博打打ち、遊び人、親兄弟を捨て流浪する放浪者。映画や芝居、講談や浪花節で膾炙されている時代劇のアウトローのなかの人気者勢揃い。凶悪な面構えも当たり前のように混入して昭和の時代に股旅に躍り出た現代版なのか。

いや、ちがう。こんな楽しい仕掛けを考えたのは…森町観光協会、静岡鉄道、森町郵便局、NHK浜松支局、地元新聞社、森町飲食業組合、石松最中友の会、石松まつり実行委員会。森町こぞって森の石松を供養しようという壮大なお祭りなのだ。メルヘンだねえ。その気になって遊んでいる。時代錯誤を楽しんでいるのだ。

ツーんとした澄んだ空気をかき回したのは一家の甘い香です。親分をはじめ侠客一行は全員若々しい女性です。それぞれが道中合羽に身を包み長ドスを腰に、三度笠を握っています。りりしい男髷、心持ち太めの眉、涼しげな瞳、艶やかな紅の唇。それぞれが緊張しています。

これから清水次郎長親分一家二十八人衆の股旅道中パレードの始まりです。しかも、みんな女性です。先導は「石松まつり」と看板を掲げたコロナバン。備え付けたスピーカーが浪曲をうなりだす。

♪秋葉路や　花橘の茶の香り　流れも清き太田川
若鮎おどる頃となり　松の緑の色も冴え　遠州森町よい茶の出どこ　娘やりたやお茶摘みに

旅人姿の面々は観光協会所属のキャンペーンガールたち。行列が少し乱れる。草鞋の紐が結べない子がかなりいて手間を食う。

それぞれ、手にした三度笠に名前が縫い込んであって役名がわかる。

増川仙右ェ門と追分三五郎がニコニコ話をしながら歩いている。沿道の知った顔を見付け気楽に挨拶する吉良の仁吉。三保の松五郎は瞳が印象的。小松村七五郎と仲良し、ガムをやりとりしている。法印大五郎はカメラ屋の二階の窓から手を振っている人に三度笠をかざしてにっこりとご愛敬。足を内股に「ハ」の字に歩いている子がいる。ぶかぶかの股引き。ナニがおかしいのか下を向いて笑いだす二人。舞阪富五郎は相当な巨体。お相撲常は痩せている。

私の見解では大野鶴吉が容姿、押し出し、化粧、態度が最良。艶っぽいのだ。この人が第一位。

ぽんぽんと花火が揚がる。パレードは最高潮。

やがて、一行は大洞院へ。

義山　石松信士　侠客石松の墓。墓前に森町町長、郵便局長、観光協会会長の献酒。大洞院の僧侶の読経、焼香。

小高い丘に冷たい春の風が靡く。五十人ほどの椅子が並べられ、招待客が満杯。お誂えに桜の花がはらはらと舞っている。ここに登場するのが、待ってました！　広沢若太郎先生。

♪お茶の香りの東海道　清水一家の名物男
　遠州森の石松は　しらふの時は良いけれど　お酒飲んだら乱暴者よ　喧嘩早いが玉に瑕　馬鹿は死ななきゃ治らない

遠州森町の春の夢、三年に一度の祭典です。コロナの災害で順列が乱れました。次回は令和七年の春だそうです。

石松まつりは森町観光協会℡＝０５３８・85・２１１１　へお問合せを。

♪ちょうど時間となりました
　ちょいと　一息願いまして
　またのご縁とお預かり

（いいだ・かずお）

シネマニアの桟敷席番外篇

『映画監督放浪記』の果てに

谷川景一郎

他の人間が自分のために死んでくれる、と思ってはならない。それが人間のいちばん悪い堕落だ。

——大江健三郎「さようなら、私の本よ！」

関本郁夫に初めて会ったのはいつの機会だったか。名画座での本人や東映の特集、或いはグリソムギャングの自主上映会……。何度か顔を合わせる内、私ともう一名とで本を書く手伝いを拝命仕ることとなった。関本の半生は既に『映画人烈伝』（一九八〇）にまとめられていたが、これは助監督時代の先輩映画人群像の描写がメインだった。その後『およう』（二〇〇二）を機に春から夏を長野県上田市で、残りを東京都町田市で暮らす二重生活を送ることになった関本は、上田市のミニコミ誌で改めて自叙伝を連載していた。『映画人烈伝』の続編で、監督昇進後の自身の来し方を綴るものだった。それがかなりの分量となっており、完結の暁には単行本で……という構想の下、出版に向けて動き出したのである。二〇一七年の話だった。年数回の連載で、話はようやく平成に差し掛かった頃を記していた。出版の話が出た時点では連載自体がまだまだ先のある話、完結するのは何年後だろうという状態だった。

関本はパソコンが使えないので、原稿は当然手書きだ。それをパソコンにデータ化するのが私の仕事。もう一人が出版社と交渉する。この人（Z氏）は既に何冊も本を書いている人だ。そんなトロイカ体制を組むこととなった。私はまず連載の既存分を文字起こししていった。「本が出来たらお前たちの名前も載せる。谷川を男にしてやる。印税は三分割だ」。当時、何度となく聞かされたセリフだ。有難いと思いつつ、パソコン打っただけで名前が載って印税貰うのもな（或る時にはパソコンを打った手間賃は別に払う、とまで豪気なお言葉を賜ったりもした）、と気恥ずかしさと遠慮があった。まあいずれ正式に刊行が決まった際に、清書しただけで印税は勘弁してくれと言えば良いと思っていた。

だが当てにしていた版元からは出版を拒否された。関本はZ氏を外した。代わりに別の輩が加わった。彼の男とは件のシネマバーで私も以前から面識はあった。その時点では別にこれという印象も持ち合わせてはいなかった。彼の男も既に本を出していたが、前任者Z氏に比べその冊数は少なかった。彼の男が加わって間もなく、Z氏が交渉していた版元が出版を了承したと聞かされた。不思議なこともあるものだと思った。

二〇一八年にミニコミ誌が再編成され、そのあおりを受けて連載が立ち消えとなった。続稿は関本による書き下ろしとなり、一気呵成に書き上げたものを、同じく一気に清書した。二〇一九年末だった。連載時のタイトルは『我が映画人生』というものだった。

悪いとは言わないが平凡だとは感じていた。関本は東映に始まり日活、松竹、東宝（脚本のみ）で映画を、そして地上波キー局全局でドラマを演出した。それは映画が衰退しテレビが拡張していく時代にリンクした動きでもあった。撮影所システム崩壊後の、拠点なき演出家人生。私の脳裏にいつしか『放浪記』の言葉が浮かんでいた。ある日、関本が言った。「タイトルは『映画人放浪記』や」と。かつての旧著、助監督時代の映画人群像を題して『映画人烈伝』。その続篇として、自身の人生を綴る書籍の表題として、申し分ない。二〇二〇年二月だった。

原稿が仕上がり表題も決まり、すぐにも刊行されるものだと思っていたが、それは一向に話が進んだと聞かない。了承していたんじゃなかったのか。

出版に関する具体的な進捗を何も聞かされないまま、彼の男から指示が出た。「分量が多すぎて出版できない。一〇〇枚削れ」という。実に総量の四分の一である。大変なことだと思ったが「出版できない」と言われては一大事。あそこを削ろうかここを削ろうか、しかし私は別に要らない場面があるとは思っていない。またここを削ればあそこの描写が分からなくなる、ここを削るとそこの場面にも影響が出る。

……延々と削ったり戻したり削った後に意味が通じなくなる箇所が無いか読み返したり。しかしよくよく考えれば、何処を削るにしろ関本の許可を取るべきだし、何となればまず関本自身に削る場所を選んでもらった方が、こちらとしても作業しやすい。関本にその旨を伝えたところ、関本はそもそも削ることに反対だった。彼の男に「これ一〇〇枚は削れんで」と言った。彼の男は即座に「ああ、分かりました」と削除を撤回した。この間の俺の作業は何だったんだと愕然とした。彼の男に対し不信と嫌悪を抱いた発端だった。

とりあえず関本の原稿は上がった。私の仕事は終った。一〇〇枚削れ、いややっぱ良い、そういう指示が来ると困る、と彼の男に言った。「これからは一人でやります」と来た。軽くイラついた。俺を外すんかい。大阪生まれの血が言わせるツッコミ芸との自覚もあるにはあったが、これはその通りの意志が伏在していた。

この頃から、関本から頻々と電話がかかってくるようになった。「頻々と」という言葉でどのくらいの頻度を想像するだろうか。実に三日と空けずかかってきた。もちろん出られない時もある。すると一～二時間後にまた来る。そして長い。一回の電話が一時間では済まない。二時間、三時間に及ぶこともザラだった。途中、明らかに酒を飲んでいる様子が伝わってきた。トイレに行くから待っててくれと言われることもあった（こっちは我慢していた。まあ行けば良かったのだが）。辟易しなかった訳ではない。熱愛中の中学生でもここまで電話しねえだろと思っていたが、本に書かれていることいないこと、表に出せないあんな話こんな話。それを独占できるのは、確かに幸せであった。

ある時、関本から聞かされた。長年の監督生活で精神が疲弊し、不眠症に悩まされているのだと。睡眠薬を飲まねば寝付けない。ああ、だから時間を持て余しているのか。そう聞かされると無下にも出来ない。ささやかな奉仕精神もあり、貴重な逸話を独占できる喜びもあり。いつか俺だけが聞いた関本を書こうという下心も、もちろんあった。俺が死んだら書いてくれ、そうも言われた。

三月一日

本稿は仕上がったのだが、補足インタビューを行うこととなった。削ったり補完したり忙しい話だ。町田駅前の喫茶店で彼の男、私で関本に話を聞いた。驚いたのは彼の男が資料の一冊も持たずに来たことだ。しかもメモも何も取らない。彼の男がメイン編集なので空気を読んでこちらはなるべく黙っていたが、話がとっ散らかってまるでまとまりがない。何だこれと思い続けたインタビュー終了後「じゃあこれまとめといて」と彼の男が言う。嫌悪の念を禁じ得なくなった。私を降ろしたいんだろうと察してはいた。印税を三分の一から二分の一にしたいのか、他の意図があったのか。いずれにせよ、私がいるのは関本が呼んだからだ。そう、主役は関本だ。俺は弱い立場だ。原稿を清書しただけだ。出版社との交渉は彼の男が担う。だから俺はいなくても良い。関本が言うからいられるのだ。彼の男が俺を排除しようとしても、関本が言うならいられるのだ。

六月二七日

関本はケガをした後遺症で右手がしびれるようになった。ペンを取れないわけではないが、やはり負担が大きく字も乱れる。今後も大きな加筆が必要となったなら、口述筆記もやむを得ないか等と考えていた。この日も関本からいくつかこぼれ話が出て来る。中に興味深い話もある。当然、本に載せたいと思う。彼の男が言う。「監督、それ書いて下さいよ」逸ったような阿るような口調で、薄笑いを浮かべて。右手の状況を知りながら、それを言う。何だこいつ、と思った。本稿は出来上がっているじゃないか。おまえも物を書いているんじゃないのか。「監督、それ書かせて下さいよ」じゃないのか。そもそも出版の具体的なスケジュールを何も提示しないまま、更に書かせようとすることも不快だった。順序が違うんじゃないのか。もし書けと依頼するなら「〇年×月に出ますんでそれより前であれば間に合いますから」云々、じゃないのか。関本は言葉を濁す。で、後日また電話がかかってくる。「手がしびれる」と聞かされる。じゃあ「自分で書くのは難しい。お前が書け」って言えば良いじゃないか。それは言わない。私に愚痴をこぼす。関本は彼の男に強く言い出せなくなっていた。

本文中、あるプロデューサーとの離別が描かれた。関本が若い頃から目を掛けてもらったが、後年になって金銭に関するトラブルがあり、訣別した。その永劫の別れの場面で、プロデューサーの名前は書かれなかった。だがそれが誰かは、誰でも分かる。誰でも分かる名前をそこで伏せた意味も、誰でも分かる。大きな恩があるからこそ、名指しで糾弾するような真似は避けたいと。言わせんなよと言いたくなるほどヤボなことだ。

彼の男が言う。「それ名前書いて下さいよ」初めて聞いた時は耳を疑った。既に薄々感じてはいたが、こいつに人情はないのか。関本も流石に渋る。強くは拒絶しないが渋る。だが彼の男は言い募る。「それ書いて下さいよ」と同じ薄笑いを浮かべた言い方で「名前書いて下さいよ」と。いくら何でもと私が割り込んだ。「ここまで読んで来た人なら、それが誰の事かは書かなくても分かる。分からない人なら、あえて知らせる必要もない」と。だが彼の男も関本同様、私の話は絶対に聞かない。結局、関本が書きたくないと通した。彼の男がそこまでして名前を書かせようとした意図は、遂に理解出来なかった。

この日の話も前回同様、不毛な話に終始した。相変わらず資料一つ持たずまとまりもとりとめもない彼の男の話。たまに内容があると思えば名前を書けとか。こんなこと続けるのかと辟易していた。この日にあった唯一の収穫。話の合間に関本の本棚から写真が取り出された。撮影の合間に俳優らと映したスナップの数々。公的なスチール写真もあったが、緊張のほぐれた緩やかな微笑みを浮かべるスターたちは、また別趣の魅力に溢れていた。彼の男が「これを本に載せましょうよ」と。何でもスチール写真は映画会社にいくらか払わねばならず、それはなかなか馬鹿にならない金額だという。だがプライベートな写真ならそれが要らない。関本もそれは良いと応じる。「映画会社は良くても俳優の肖像権とかあるんじゃないのか」と疑問は抱いたがそれは何とかなるのだそうだ。良いんだったら良いかと聞いていた。

結論を先に言えば書籍にこれらの写真は一葉も載っていなかった。

彼の男が序論を書いて私が関係者にインタビューを取る、という分担が決まった。ようやく自分の仕事が出来た。関係者については既に内々に許諾を得ている心当たりもあり、それが加わることで内容の充実度が増すことも確信を持っていたが、具体的な出版の話が進まない状態でそれらの人々に手数をかけさせる訳にはいかない。

これも結論を先に言えばインタビューは実現しなかった。いやしようと思えばできたのだが、掲載が出来なくなった。

この日の終わりには「また一ヶ月後に」という話になったが、こんな話し合いをまだ続けるのか。根本として出版に関する具体的な話を何も聞かされないままで。内容の無さは関本も感じていたようで「今後はお前にインタビューを頼む」と言われるが、とにもかくにも刊行が決まらないことには。補論の分量をどれ位にするのかも決まらずに。またこちらで勝手にインタビューを進めても面倒ごとになるとしか思えなかった。

一ヶ月経っても、彼の男から次のインタビューの話は出なかった。別に意義を感じていないので、こちらはそれでも良かった。二回のインタビューからは一文字も文字を起こさなかった。彼の男からは、そのことについても何の話もなかった。出版の話もなかった。連絡自体が何もなかった。時間だけが過ぎていった。

こんなことがあった。関本の電話機が故障したため買い替えたのだが、ガラケーでバックアップを取っていなかったらしく、電話帳の情報が消失したという。こちらから架けた際にそれを知らされ「向こうから架かってきたものを再度登録し直していけば良い」と伝えた。後日、「彼の男が着信拒否をしている」と言われた。全く意味が分からない。出版の話がペテンで夜逃げでもしたのであればともかく、一円も詐取していない状態で逃げる馬鹿もいるまい。だが例の如く関本はこちらの話には耳を貸さず延々と着信拒否を繰り返す。この時点で私は彼の男に接触したくない気持ちが強かったのだが、この話を早く終わらせたかったので仕方なく彼の男に電話をした。当たり前だがつながった。つながったことを関本に伝え、私もその時点で理由に思い当っていたので、彼の男の電話番号を確認した。一桁足りなかった。何かのメモから登録し直した際に抜けたのだろう。番号が足りない場合は当然ながら、発信はされず話中音が鳴る。着信拒否と同じ反応ではある。関本の笑声を耳にしながら心底うんざりした。思い込みの激しさは演出家には必要な要素である、とどうにか己に言い聞かせながら。こちらももっと早く番号を確認すれば良かったのだが。また彼の男がもっと密に関本に連絡してれば良かったのだが。

その後、彼の男からの指示が来た。彼の男は序論と『極道の妻たち』に関する論考を書く、と。私は未映画化作品に関して書く、と。インタビューの話は消えていたが、私は個人的に関本の未映画化作品『六連発愚連隊』について調べていた。こちらとしてはようやく自分の仕事が決定した（これで胸を張って印税三分の一も受け取れる）、しかもこちらが打ち込める内容であり有難い限り。それ以外の未映画化作品についても関本からは折々聞かされており、シノプシスやらも見せてもらっていた。関本からも「頑張れ」「しっかりやれ」という言葉は得ていた。『六連発愚連隊』は長期に亘る経緯があり、これを別格として他の未映画化作品にも言及する。彼の男からは締切がどうのこうのと言ってきたが、くどいようだがこの時点で出版の具体的な計画が何も知らされない。こちらの文はあっても無くてもいいもの。関本の原稿自体に引き受け手が決まっていない中でこちらの締切とは。

七月末に関本が書く最終稿が届き、八月三日には浄書が終わった。

ふと不思議に思ったことがあった。出版の時期が一向に決まらないこと、そして先方の担当編集者と一向に顔合わせ的な場が設けられないこと。まあ俺が編集者と会う必要はないかと思っていたが、関本も会っていない、会わされていないという。それはおかしいんじゃないのと思うが、関本がそこに疑義申し立てをしないのでこちらとしてはそれ以上為すことはない。そして出版についての具体的な進捗が何も知らされないまま、延々と時間だけが流れていく。関本は彼の男に何も言い出せず、彼の男は関本にも私にも何も知らせてこない。そして私の電話は鳴り続ける。

一一月三〇日、彼の男の原稿が届いた。巻頭序論と『極道の妻たち』に関する内容だった。

一二月三日　『雑魚寝』朗読劇

『雑魚寝』は関本が一九八三年にスポーツニッポンに連載した官能小説だ。これを映像にする話は当時もあったが立ち消えとなっていた。それが幾星霜を経て、この時期に再び映像にしようと動いたプロデューサーがいた。コロナ禍による曲折があり、朗読劇としての上演に結実した。プロデューサーP氏は関本の自叙伝にもかねて強い関心を寄せ、刊行と上演をタイアップしたいと私に言った。私に言われてもと言うしかなかった。

私はアフターイベントで司会を務め、関本と話をしつつ『映画人放浪記』近日公刊、と煽った。近日がいつかは知らねども。

これが関本と会った最後となった。この時の打ち上げで彼の男から締切を守らん奴は云々と有難いご高説を賜った。そして彼の男から出版に関する具体的な進捗は、この日も何も聞かされなかった。確かに彼の男の担当である出版社との交渉話には締切はないが。その場で某映画誌に携わっているという人を紹介された。名刺を交換した程度で何の話もしていないが、映画とドラマの作品データベースを担当するとのこと。関本が原稿を書き、俺と彼の男でちょいとした文章を書き、データベースをこの人が作り。「監督、それ書いて下さいよ」の声音が耳底から蘇った。肝心要の出版は未だに決まっていない中で、彼の男は一体どうしてこんなに他人任せなんだろうと思った。

ちなみにこの朗読劇の際、関本と縁のある俳優が関本の自叙伝を映像にしたい、自分が主演したいと話しているということを聞いた。『全裸監督』の向こうを張って良いんじゃないかと思ったが、それもこれも本が出ないことには。そして、この時すぐに出版されていれば、この映像化が実現していれば。本当に面白いことになっていたと、今でも思う。

数日後に原稿を仕上げ、関本と彼の男に送った。彼の男からは例の如く分量カットという話があったと関本から聞かされたが、彼の男には「分量カットの件については出版社の方の反応をお聞きした上で検討させて下さい」と答えた。出版社が正式に出版を決めた上で、お前の原稿は減らせの要らんのと言うなら喜んでカットも取り下げも致しましょうと、言外に込めたつもりであった。普通程度の行間を読む力があれば、分かるだろそれ位。

一二月二三日

彼の男からメールが来た。

「原稿をA社担当者に送りましたが、A社ではこの企画は難しいとの返答をもらいました。そこで現在、企画に興味を持ってくれたB社のbさんに読んでもらっています。返答は1月11日にあり、Bが駄目ならC、D、Eに当たり、3月を目途に、かりにどこの出版社も乗らなければ、私が自費出版する覚悟です」

覚悟はいいんだが、この時まで出版社とは何の話もしていなかったのか。下話も内諾も何もなかったのか。何だこれ。いや、内容が詰まってからじゃないと出版社と話が出来ないというならば、何故それを説明しなかったのか。そもそも俺やお前が書く前に、関本の原稿が仕上がっていた八月からここまで、一体何をしていたのか。それで分量がどうの締切がこうのとは、何の話だったのか。しかもB社のb氏は既に前任のZ氏が打診して断られたところじゃないか。前にそこはOKしたと言っていたが、今からそこと詰めるのか。アテに出来るのか。心中に憤懣は募りながら、とにかくもう早く決まって早く終わってくれと思うのみだった。

一二月三〇日

私が書いた原稿について、関本から返事が来た。

「未映画化作品がずらりと並ぶと何だかつらいものがあります」

この封書を呼んだ時は本当に目眩がした。俺がやって来たことは何だったんだ。いや、そもそも何度も説明したじゃないか、未発表作品を書くと。『六連発愚連隊』を書くと。しかし主役は関本だ。関本が「つらい」とまでいう稿を載せるわけにはいかない。その夜、関本に電話し謝罪と拙稿の取り下げを伝えた。話には聞いていても実際に目の当りにしたらつらい、そういうことはあるだろう。一旦了承しても覆さざるを得ないことはあるだろう。それでも、せめて「悪かったな」とか「よくやってくれた」とか、そんな言葉さえあれば救われた。報われなくとも救われた。関本からは「未発表作品について書かれると死んだ子の歳を数えるようでつらい」とも言われた。『映画人烈伝』を読んだ人は知っているだろう。関本には幼くして亡くした子がいる。それを言われてしまうと、もう私には何も出来ない。関本が最も思い出したくないであろう記憶に抵触するような原稿であれば、関本の名を冠した書籍に載せられるハズはない。「だったら最初から言えよ」という憤激を辛うじて飲み込んだ。思い知らされたからだ。「この人は俺の話を何も聞いていない」と。あれだけ幾度も幾度も電話を受け、長時間の話をし、向こうからは同じ話を幾度も聞き、何度も「未映画化作品を書く」と伝えて「おお頑張れ」と言われ。それを切り捨てるのであれば、それはそれで何か一言あるべきだろうに。だがこの時に限らず、私は関本から謝罪の言葉を受けたことはただの一度もない。むしろ死児という最も峻烈に情実を抉る話を持ち出された。強行採決独断専行は演出家には時には必要な要素である、とどうにかこうにか己に言い聞かせながら。今でも覚えているがBSプレミアムで年末恒例の名作映画連続放送が流れていた。『ゴッドファーザー』一挙放送のパートⅢ。全てが無に帰すあの結末。電話を切った。終わったな、と思った。

二〇二一年

彼の男が「返事が来る」と言っていた一月一一日を越えても彼の男からは何の連絡もなかった。連絡がないということはそういうことだろうが、あれだけ人に締切がどうのと言っていたが、自分自身は平気で放置するらしい。私の原稿を取り下げることは関本から彼の男に伝えてもらっていたが、返答の催促も兼ねて一三日に彼の男に伝えた。

一四日、彼の男から返事があった。「b氏から『原稿に問題がいくつかあり、それをクリアできるかどうかを考えたいので、もう少し時間をください』との返答があり、それを待っているところです」じゃあ、それをそうと言えよ。訊ねるまで黙っていることか。拙稿については「谷川さんにとって書かねばならない、谷川さんしか書けない力のこもった良い原稿だと思いました。(略)関本監督は、谷川さんの努力を無にしないよう、何とか谷川さんの原稿を短縮して活かそうと考えておられました」関本からは短縮云々の話は聞かされていない。つらいんだろ。そう言ったじゃないか。死んだ子とまで言って。俺が取り下げると言った際に、一切引き留めるようなことは言わなかったじゃないか。無にしないよう短縮して活かすとはどういう意味だ。それを俺自身に聞かせないままで進めるとは、どういうことだ。当てこすりを込めて「努力を無にしないというお気遣いは不要です。『未映画化作品』は(略)慌ただしさや至らなさで延ばす必要はあれど短縮してまで載せていただこうとは思いません。また、先に申した通り監督の著書に監督がつらいと思うような稿を押して載せることは、かって（ママ）こちらの心痛となります」と返信した。

またこの時のメールには「私は、本も映画もメールのやり取りだけではなく、実際に会ったり、電話で直接気楽に話し合ったりしながら、侃々諤々議論をしながら作るものだと思っていますし、いまも担当編集者とそうしています」とも書いてあった。そうですか。一度として気楽とは思えませんでしたが。喧々諤々の議論が出来る状態だったとは思えませんが。何より、必要欠くべからざる程度の連絡すら、頂いた覚えはございませんが。

関本からは原稿が仕上がった時に「出来るだけ多くの人の反響を聞きたい」と言われた。とは言え私に反響を聞けるようなアテはない。とりあえず『雑魚寝』朗読劇のP氏を、向こうも読みたいとかねがね言っていたしと提案した。関本は応諾した。そのすぐ後「話がここまで進んだ報告もかねて」と前任者のZ氏にも送った。事後報告にはなったが関本からは「よう気が付いたな。喜んだやろ」と快諾を得た。一二月二一日のことだった。

一月一九日、両者が大喧嘩したと聞かされた。Z氏に慌てて謝罪の連絡をしたが「関本監督がよくわかりにくいというか、身勝手なだけです。俺は送るのを許可してないとかとか〜〜」許可したじゃんよ。事後だけどさ。そして彼の男からも経緯説明を求める連絡が来た。「関本監督は無断で谷川さんがZさんやP氏に原稿を送った、谷川さんからの電話には出ないと立腹してらっしゃいますが、私には何かの間違いではないかと信じられません」あぁ、まただ。「監督からはご自身の原稿が仕上った際、【監督からの指示で】Pさんにお送りしました。（略）Zさんに関しては確かに私の独断です。翌日に監督に事後報告ながらお知らせし「それは良かった、Zも喜んだやろ」と言われ、Zさんには独断ではあるが『監督も色んな方の感想を聞きたいと仰っている』ことを伝えてお送りしました」と報告した。

「序文から本文から未映画化作品にいたるまですべての原稿をZさんに送ったんですね。きわめてまずいですよ。まったく人に対する深謀遠慮が足りない。Zさんがお怒りになるのは当然で、監督が売り言葉に買い言葉でZさんを怒鳴るのも当たり前のことです」彼の男の返信には、これだけが記されていた。そうですか。深謀遠慮ですか。今まで散々こちらに対する深謀遠慮の足りなさを感じさせられましたが。人間、傍目は八目先まで読めるんですかね。まぁこれで、俺が降りる大義名分も出来ましたので、ご遠慮なく後はそちら様でおやりになって下さいませ。苛立つことすら馬鹿馬鹿しいと心底思った。

関本にも電話をした。思うところもあったがとにかく謝罪をした。関本からは自分が事後承諾をしたことも自分がP氏に送れと言ったことも、何も認める発言はなかった。認めはしないが、後ろ暗い思いはあったようだ。何かフォローのつもりか、例の「印税三分割」とか何とか言い出した。「俺の書いたものは何も載らずただタイピングをしただけで貰うつもりはない」とはっきり言った。この場で金の話って深謀遠慮が足りないんじゃないかと思った。

この日を最後に関本からの電話は途絶した。最長で四日連続架かってきたこともあった。何度も電話を受けていると「またこの話か」と思うこともあった。むしろそればかりになってきた。彼の男への不満を聞かされた。俺に言うなと思った。自分で言えと。あんた主役だろと。俺には言いたいことを言うクセに、彼の男には何も言わない。辟易してきた。それでも貴重な体験ではあった。在りし日の東映に息衝いた群狼の生き様が、そこにはあった。不眠症の老人に付き合ってやるというささやかな奉仕精神もあった。その先に、こちらの話を何も聞いていないという絶望があった。言ったことをひっくり返されたという失望もあった。それらが全て、消えて失せた。

二月一日

彼の男から連絡があった。「B社からの出版が決まりました」「この構成にしたがって勧めますので、谷川さんにお願いすることがありましたらあらためてご相談申し上げます」ほら来た。お願いすることがなければ相談しません。これが深謀遠慮に溢れた文言というものか。まあ、何かあったら向こうから言ってくると書いてるんだから、それまでこちらはお役御免。「何か」は永久にないとは分かっていたが。

しかし電話魔になる根源が不眠である以上、関本が電話を止められるハズがない。そう思っていたら、今度は別のターゲットがいることを知った。同じことを繰り返していた。何日も連続で電話をかけていた。同じ話を繰り返していた。そして今のお相手達には、そのことの見返りがなかった。本がどうとか印税がどうとかの。純粋な奉仕だった。それを強いていることに、関本が気付いていたのか否か。深謀遠慮が足りないと思った。またそんな中で「谷川が会いに来ない」と言ってると聞かされた。会いに来いとは一度も言われていない。確かに行くとは言ってはいないが。「あいつの原稿を巻末に載せるのが嫌なんだ」と言ってると聞かされた。巻末にも巻頭にもどこに載せろと指定した覚えはない。自分の前言を翻すに飽き足らず、他人の発言を捏造しだしたか。そして「あいつの原稿はつまらない」と。うん、じゃあ最初からそう言えよ。それで終わった話じゃないか。深謀遠慮が足りないと思った。そして長電話のお相手たちには、前任者Z氏もいた。彼の男にきわめてまずい深謀遠慮が足りないと怒られると思った。というより最初は耳を疑った。あれだけ手数をかけた上に切り捨て、原稿を送ったことで揉めたその人に平気でその後も電話をする神経。こちらに謝罪をさせて自分はZ氏に平気で書籍の話をする神経。大した深謀遠慮だと思った。

ま、本さえ出ればもう関本も思い残すことはないだろ。深謀遠慮とまで仰せになられたからには、俺が降りようが出版は可及的速やかに交渉が進むんだろう。何せ深謀遠慮に満ち溢れた御仁が担当するのだからして。しかしいつまで経っても何も出ない。

四月七日

本が出ようが出まいが、自分の立ち位置を決着しようと思った。むしろ訣別の意味で関本に手紙を送った。手紙にしたのは電話はしたくなかったのとエビデンスを残した方が良いと思った為である。書き上げた拙稿についても、原稿を二名に送付したことについても、口頭ではあるが了承を得たことは記した。「……口頭で申し上げたことに対しても、監督とは普段は夜間、特に監督もお酒を聞し召し時には私も酔い心地の上での事ですから、それを以て言質とするつもりはありません。ですが、一抹の虚しさを抱いた事は事実です」

「確かに、監督のご指示やご了承、あるいはお喜びの言葉も、いずれもやはりお電話でのやり取り上の事です。ですから物的証拠がある訳では無し、監督のご記憶と差異があれば私の記憶が絶対的に正しい訳でもなし、言った言わないの水掛け論にしかなりません。ですからこの件について、私からは何も申し上げませんでした」

　そして私がここで、一番言いたかったことは下記の記述だった。

「監督のお気持ちを脇に置いて私の心中だけを申し上げるならば、前に云われた事と真逆の事をされた、という事になります。これはまさしく監督が川内康範にされた仕打ちそのものです。何よりも私が虚しい思いを抱いたのは、この歴史が繰り返されたことに対してです。そして、監督は幾度となく『弱い者が好きや。強い横暴な奴は嫌いや。弱い者の精一杯生きる姿が、俺は好きなんやな』とお話下さいました。私もその気持ちに同意し、またそれこそ関本作品の真髄と、これまで心酔して参りました。ですが、監督が私に対してした仕打ちは、強者からの弱者に対する一方的な横暴に外なりません。それが、とてつもなく淋しく、哀しいものでした」

　川内康範が云々というのは、かつて関本が川内原作のドラマを担当した際、大幅に内容を改訂して撮影したところ視聴率は好評で川内からも贈答品が来るほど激賞されたが、お小姓から先生の原作が改訂されているとご注進を受けた後で激怒されたという逸話である。

　数日後、関本から電話があった。彼の男とは近頃どうしているといった話になった。どうもこうも向こうがお願いしたいことがあったらご相談あそばされるそうで何しろ深謀遠慮なので、ということをオブラートに包ん（だつもり）で言ったところ「仲良くしろよ」と言われた。「我慢しろ」とも。仲良く？　我慢？　貴方はかつて、自分を踏みつけた人間に対して、それをしたのか？　我慢して仲良くして円満に過ごし、彼らに対して含むものは何もないのか？　あんたが書いてきた文章は、踏みつけられた怒りを綴っているんじゃないのか？

　人に踏みつけられ、戦ってきたと。そう語る人間が幾度も人を踏み付け、そして別の者からも踏みつけられた人間に対して、かける言葉が「仲良くしろ」「我慢しろ」か。抑えに抑え耐えに耐えた糸が、切れた。詮方なき事とは知りながらも。噛みつくなら今しかない。

「我慢できるか」「そもそも喧嘩売ってきてんのは向うだろ」声を昂らせる私に対して関本が言ったことは「大きな声を出すな」そして「我慢しろ」、の繰り返しだった。

　責任は俺にあると繰り返した。しかしその責任をどのように果たすのか、言及はなかった。お前の気持ちを汲んでやる、とは言わない。お前が我慢しろという。それの何処に責任を果たす行為があるのか。弱い立場に一方的な我慢を強請する、それがお前のやり方か。

まあ一杯飲もうと繰り返した。一杯飲んで水に流して。それこそ昭和ニッポンを象徴する旧弊。横暴で横柄な、強者が弱者に押し付ける典型的な「和解」ではないか。俺はワンパターンというのが大嫌いなんだ。

だが「お前の原稿はどうにかしてやる」とも「今回はすまんかった」とも、決して口にしなかった。絶対に責任を取らない、という強い意志を感じた。

川内康範と同じだと言われたのが一番つらいと言われた。そうか。俺も大概つらいんだがな。で、俺の言ったことが誤ってたのか。川内康範とは違うのか。言ったことをひっくり返して相手につらい思いをさせたこと、それが事実じゃないというのか。だったら撤回するが。そう言っても、つらいと繰り返すだけだった。自分の責任は認めず相手の心情を遠回しに責め立てる。最低だ、と思った。

そして最も勘に触れたのが「二枚舌を使え」という言葉だった。

にまい‐じた【二枚舌】前後の矛盾したことを言うこと。嘘を言うこと。「―を使う」

思わず広辞苑を引いてしまった。己の都合の良い嘘で相手を騙す。それは紛れもなく、他人の尊厳を踏みにじる冒瀆行為だ。他人を陥れてでも、自分の都合の良い環境を維持しろ。三枚舌を使えとも言った。どこまでも他人を誤魔化し陥れ、そして自分だけは都合良く生き延びろと、そういうことか。

関本はかつて私に「俺は政治が出来ない」と言った。だからプロデューサーやスタッフ、キャストと真正面からぶつかってしまうと。そのせいで随分苦労したとも。それは決して人に褒められる生き様ではなく、不器用ではあったが、そこにこそ私は「東映魂」を感じた。これが「不良性感度」だと。その人間が今、二枚舌三枚舌を使えと言う。それは政治に他ならない。権謀術数、人を踏みつけてでも己の欲得を得る術。いやこれこそが深謀遠慮か。そして私は気が付いた。

この男は逃げている。自分の言が変わったこと、それに対して指摘を受けたこと、その責任から逃げている。認めるとも認めないとも言わない。相手を直接的に責めも詰りもしない。だがつらいつらいと繰り返し、情に訴える。相手の情を無視して。そして自分では何もせず、相手に一方的な我慢を強いている。二枚舌を使って。

ああ、この人はいつもこうだった。自分の来歴は語る。延々と得々と嬉々として。自分が如何に踏みつけられたか、如何にそれらと戦ってきたか。傲慢な連中の驕り高ぶりを糾弾した。そして自分は語る一方で、一切他人の話に耳を貸さない。いや、強い立場の話はよく聞く。そしてその相手には何も言わない。つまり出版の生殺与奪を握る相手には何も言わない。言おうともしない。へらへらと媚びた笑いを浮かべる。その上で、弱い相手に愚痴をこぼす。強い相手に言えないことを弱い相手に語る。これを世間ではゴマメの歯ぎしりと言う。つまりこの男もまた、どうしようもなく見っともない、そして弱い徒輩に過ぎない。自分が執拗に憤り続けそして糾弾を為したあの連中と、全く同じ人間だった。人を踏みつけていられる人間、踏みつけた上で己は得意になれる人間。

　卑怯者。

　こちらから電話を叩ききった。もうこれで、二度とこの人の顔を見ることも話をすることもないだろうと思いながら。

　そして。捨てる疫病神あれば拾う福の神あり。取り下げた未映画化作品に関する拙稿を是非掲載させてほしい、もとい掲載してやっても良いというお声を頂いた。有難く承諾した。

　一二月七日

突然、関本から電話があった。ちょうど八ヶ月ぶりだったが、特段に用があるという訳ではなかった。ひょっとしたら拙稿が陽の目を見ることを聞いたのかもしれない。第一声で「出ないかと思った」と言われた。思うのは勝手だが、どうしてそれを口に出すのだろう。言われた側がそれをどう聞くと思うのだろうか。

　出版は二〇二二年三月か五月だという。旧著『映画人烈伝』と合本にする話が出ており、価格が一万円強となると。確かに神代辰巳や鈴木清順、大島渚等で一万円を超過するような巨大ボリュームの映画書籍はあるにはあるが。彼らと関本は同タイプの監督だろうか。つまり批評家受けするとか映画史研究に欠かせないとか海外での評価が高いとか。また合本したところで、彼らのように殴れば人を殺せそうな重厚サイズになるハズはないと思うのだが、それで一万円か。関本も難色を示したところ、分量の問題で新刊部分を削るよう要望を受けているという。何じゃそら旧著の復刊は良いとしてもそのせいで新規書下ろし部を削るのは本末転倒じゃないかと思った。あ、と思った。また削れ、だ。最初に一〇〇枚削らせようとし俺の原稿を削らせようとし今また削らせる。確信した。

　彼の男には、根本的に関本に対する敬意が無い。おそらく興味もない。だとすれば、何故引き受けたのか。引き受けたからには、興味も敬意もなかろうと果たすべき責任があるのではないか。それは決して原稿を削れという権力を振りかざすことでは、ないハズだ。こいつもまた、責任という言葉を明後日に見ている。深謀遠慮の名の下に。だが、もうこちらには関係がない。聞き流した。

　そして未だ、私の名前を載せるという（もう印税の話はしなくなった）。それどころかこの期に及んで「お世話になった全ての人の名前を載せる」と言う。お世話様リストは別に載せたければ載せれば良いが、それを以てこちらへの贖罪か何かのつもりらしい。しかも「最期の仕事だから」と断りにくい綺麗事を並べて。まただ。かつては死児を思わせる言い回しでこちらに耐え難い罪悪感を植え付け、今度は己の死を盾にする。生命という最も抗い難い盾をかざす。それで以て載せるなという人間の名前を載せようとし、自分の満足だけは得ようとする。責任を果たした気になろうとする。他人の心情を踏みにじりながら、上辺だけの情実を唱える。踏みにじりながら、「電話に出ないと思った」等と言って様子見をする。その行為と言葉が相手の傷口をどれだけえぐり、不快感を与えるかは考慮せず。その上で、こちらがして欲しいと思っていることだけは、絶対にしない。これは弱者を踏みにじる行為だが、一方で断じて強者でもない。強者として開き直る図太さがない。弱者を踏みながらそれに気を使っている「フリ」をする。実際には使わずに。

卑劣漢。

聞き流している間に、いつしか電話が切れた。

その後、再度関本に手紙を書いた。散々逡巡した挙句、出さなかった。こんなことを書いていた。

「私は今の関本郁夫を認めません。関本郁夫がこんな無様な老人になる事を認めません。

あなたが為した事は、あなたが戦い続けた筈の醜くのさばる権力者そのものです。

むしろ開き直らず気を遣ったふりをする分、より陰湿で姑息です。

あなたが人生を賭して為した仕事を、最後の場面であなた自身が汚しました。

私はそんな関本郁夫を許しません。そんな情ない人間は関本郁夫ではありません。

ですから、私はあなたを死んだ人間と思う事にします。

この話が始まった三年ほど前、あなたは死にました。

私はそう思う事にします」

拙稿は『映画論叢』（国書刊行会）第五九号と第六一号に分載される運びとなった。『六連発愚連隊』は林征二の原作を元に生み出された六人のチンピラが踏み潰される物語だ。それは踏み潰される痛みを知っていた関本たちによって綴られた。この少し前まで関本は『六連発愚連隊』を映像化しようとしていた。私も期待していた。だがこの時期、もう関本に『六連発愚連隊』は撮れないと思った。体調でも年齢でもなく、精神性に於いて。関本はもう『六連発愚連隊』の精神を描くことはできない、そう思い拙稿には「さらば愛しき『六連発愚連隊』」と名付けた。

「ハッキリしたほうがいい」と助言を受け、関本に連絡した。再び手紙にした。『映画論叢』刊行直前の三月一五日付で出した。直前にしたのは、余裕のある時点にすると何を言い出すか知れたものではなかったからだ。先に原稿を削れという話に関してこう書いた。

「私には非常に理解も承服もし難いものです。それは『映画人烈伝』を既に読んだ人、関本さんの新刊を待ち望んでいる人、何より関本さん自身に対する敬意というものを感じないからです。以前にも一度削れという指示がありましたから、彼らはどうしても関本さんに原稿を削らせたいのでしょうが、重ねて言いますが本当にそれで良いのですか。もちろん、これは関本さんの本ですから、あなたがそれで良いのであれば、それで唯々諾々と原稿を削れるのであれば、もう私には何も言う事はありませんが」

そして拙稿については「内容は以前のものと全く同じですし、当時お目にかけた際に大変お辛い思いをさせてしまったものですから、再び読んで頂くには及びません。また掲載の許可を求めているつもりでもありません。ただ関本さんについて書いたものなので、報告はしておけという助言に従ってお伝えしておきます」と。まあ実際には、多分何も言って来ないだろうとは思っていた。関本は逃げるだろうと。今までも一度も謝罪を口にしなかった人間だ。こうして怒りを露わにした相手には、何も言えないだろうと。卑怯者だから、責任は取らない人間だから、卑劣漢だから、責任を問われれば逃げるだけだろうと。案の定、関本からは何も言って来ず三月一七日に彼の男から代返が来た。「重い病気で、大きい手術を控えておられ、電話が出来る状態ではなく、(略)『了解した』と伝えてくれ、と私が仰せつかりました」と。彼の男の編集方針を糾弾した内容を彼の男に知らせ、そして代返させる。病気で電話が出来ないと言いながら、彼の男に代返依頼の電話をする。実に天晴なる深謀遠慮ではないか。彼の男も彼の男で「谷川さん渾身の原稿が公になり本当に良かったですね」と上滑りのお言葉。何も返信せず、彼の男からの連絡もこれが最後となった。

関本は重い病を患った。手術を要するという。これは事実だ。だが本は出ない。ひょっとしたら彼の男や編集者は、関本の追悼本にするつもりなんじゃないかと邪推した。

二〇二三年六月、関本の自叙伝は刊行された。いつの間にかタイトルが変わっていた。『映画監督放浪記』となっていた。『映画人放浪記』じゃなかったっけ。『映画人列伝』と対比なんだから。「映画人」と書いて「カツドウヤ」とルビを振っていたのに、通じなくなった。それで良いのかなあと思った。そして版元はB社ではなかった。彼の男から聞かされていた話には一切出て来なかった企業だった。その経緯は何も知らない。旧著復刊の話は消えたようだった。新規部分だけで、俳優たちの写真は載らず、関係者インタビューも載らず、彼の男の巻頭論文が載って五千円だった。高いと思った。当然ながら私がこの本に携わった痕跡は何もない。奥付にひっそり名前が載っていたが何の説明もない。こんな載せ方が「責任」か。相手の要求は何も考慮せず、自己満足を得るのが「責任」か。名前を載せた責任は取った、後はあいつが騒いでいるだけ。そう言ってると聞かされた。心底から嫌悪を覚えた。おぞましかった。これが深謀遠慮ですか。

刊行直前、本が送られてきた。出版社から。誰からも何の挨拶も事前連絡もなく、他者にも送っている印刷の挨拶状だけが封入された状態で。書籍と挨拶状と封筒と、全てまとめて関本に送り返した。関本からも誰からも何の連絡もなかった。ついでにZ氏にも本は送られてきたのだが、関本の手紙が入っていたらしい。大した深謀遠慮だ。

書籍のリード文には冒頭から『「東大卒しか監督になれない」といわれた東映で』と書かれて脱力した。山下耕作も深作欣二も鈴木則文も野田幸男も内藤誠も牧口雄二も澤井信一郎も（以下略）存在しない東映がこの世にはあるらしい。深謀遠慮が極まると見えてくるのだろうか。

帯にある言葉は、関本と親しい或る人が言った言葉を元にしていた。本人の言ではない。編集者が気に入って帯に使いたいと言い、その人には印刷後に連絡した。「使わせて貰った」と。事後承諾だった。深謀遠慮に富んだ行動だと思った。

ま、もういいや。もう終わった。俺だけが聞いた関本は、こんな内容となった。死ぬ前に書いてやろうと思った。

私は近年、さる映画人に幾度か話を聞いている。所謂オーラルヒストリーだが、そこで幾度となく聞いた言葉が「私は偉い人が嫌いだ」という信念である。何故かと言うに、偉い奴に良い人間はいないからだ、と。偉くなるには人を踏みつけなければならない、むしろ平気で踏みつけられるような奴が偉くなるのだから、良い人のハズがない。その言葉を聞いた時、私は深い感銘を受けた。実はこの人の仕事が、終始一貫して「偉くない奴」の物語だからである。それは見事としか言いようがない程に一徹しており、偉くない（なれない）ヤツらの、けれど人が好いヤツらの、活きの良いのたうち回り方が、随所に冴え渡っているのである。しかも真に驚くべきは、そうした信条は抱きつつも、自らの仕事が見事に言動一致している事に、当の本人はさほど自覚がなかった事である。「だからあなたの仕事は最初から最後まで、偉くない奴らで貫徹しているんですね」と伝えたところ本人が「そうでしたか」と驚いていたくらいである。いや、真に偉くないとはそういうことだ。この言葉を私なりに翻案するならば、「私は偉そうな奴が嫌いだ」と言おう。真に偉いか偉くないかは置き、とかく人を踏みつける奴、踏みつけて自分だけは満足できる奴、心底からそういう連中を嫌う事が、私が東映映画から学んだ最大の人生訓だ。いや、訓ではないか。

人の年老ぬるに随いて、よろずの事につきて、若くさかりなりし時よりは、そのつつしみ猶重かるべき事也。
——新井白石『折たく柴の記』

もっとシンプルに行こう。

過則勿憚改（過チテハ則チ改ムルニ憚ルコト勿レ）

（たにがわ・けいいちろう）

映画論叢のバックナンバー

●品切れ　1号／2号／4号／8号／11号
●在庫僅少　7号／14号／16号

【30号】小森白インタビュー／B・ラ・マール伝／仏家庭映画小史
【31号】伊沢一郎・日活の青春／翻訳映画人・東健而／『殺人美学』再評価
【32号】70ミリ映画女優・上月左知子／土屋嘉男インタビュー／改題縮尺版
【33号】小笠原弘インタビュー／松竹キネマ撮影所／東宝レコード
【34号】阿部寿美子自伝／ラッセル・ラウズ監督再評価／福宝堂完全リスト
【35号】鬼才W・グローマン／アルモドバル本の誤訳／佐々木勝彦語る
【36号】ルーペ・ベレス／東映東京の"血と骨"／動物モノの巨匠A・ルービン
【37号】マイ・ゼッタリング／A・ド・トス／ブルーバード映画とロイス・ウェバー
【38号】西村潔"お蔵入り"の真相／J・ガーフィールド／『警視庁物語』
【39号】レムリ一族の興亡／原一民のみた黒澤明／ウェンデル・コリー
【40号】映画監督・三船敏郎／ディック・パウエル／和製ターザン樺山龍之介
【41号】河合映画・由利健次／『ファンタジア』／アードマン・アニメ
【42号】『どろろ』映画化／近藤経一／W・ベンディックス／全勝映画大調査
【43号】中川信夫の教育映画／東宝ビデオレンタル黎明期／A・ケネディ
【44号】小倉一郎、村井博のみた加藤泰／東独映画／フォード一家名簿
【45号】大船スタア園井啓介／ジョン・ギャヴィン／新東宝・大貫正義
【46号】『自動車泥棒』・和田嘉訓／歸山教正周辺／ビスタ・サイズの誤解
【47号】大映・小野川公三郎／ヘンリー・コスター／J・ウェインと仲間
【48号】ジョン・ファロー／『ジョアンナ』研究／森下雨村の映画／堺勝朗
【49号】田口勝彦による東映東京／ロリー・カルホーン／スコープ・サイズ
【50号】『二十歳の恋』田村奈巳／『2001年』半世紀／J・チャンドラー
【51号】三上真一郎追悼／『サロメ』女優／ビデオとワイド画面／岸田森
【52号】製作者・奥田喜久丸／カーレースと映画／『一寸法師』映画化
【53号】画家としてのスタア／J・スタージェス／テレビの画面サイズ
【54号】オーディ・マーフィ／オクラ入り『殺人狂時代』／ミスタンゲット
【55号】ジミー・ウォング／デジタル時代の画面サイズ／L・ノーラン
【56号】岡本喜八未映画化作／旗本退屈男研究／浅香光代ストリップ剣劇
【57号】満映の岩崎昶／フィルムIMAX史／楯の會と三島映画
【58号】ハワード・ダフ／歌うスター高田浩吉／ルイス・ギルバート
【59号】保篠龍緒『妖怪無電』／日活歌謡映画／フォードと軍人／森卓也
【60号】東宝俳優・西條康彦／新劇とTV洋画／リバイバルの真実
【61号】映画研究者・畑暉男追悼／シネラマの興亡／『六連発愚連隊』

【62号】お嬢さん東宝を探険・古池みかインタビュー　小関太一／シネラマの興亡・強湾曲スクリーン　内山一樹／『釣天井の佝僂男』研究　二階堂卓也／東映監督・小平裕インタビュー　鈴木義昭／ストリップの終焉　飯田一雄／百歳俳優・河合絃司　五野上力／「再映」研究・完結篇　最上敏信／水木洋子のXYZ・最終回　奥薗守

【63号】シルバー仮面―佐藤静夫監督インタビュー　小関太一／謎の活動弁士・森鷗光　藤元直樹／大映の蛇女優・毛利郁子　二階堂卓也／小平裕―東制労闘争の仲間たち　鈴木義昭／フォード『太陽は光り輝く』再評価　猪股徳樹／ピンクスター山本昌平　東舎利樹／片岡千恵蔵の足跡　最上敏信／シネマニアの桟敷席　谷川景一郎

【64号】千野皓司監督ひとりがたり／『愛すれど心さびしく』をめぐって　内山一樹／スティーブ・コクラン謎の死の真相　千葉豹一郎／アレクサンダー・コルダとロンドンフィルム　ダーティ工藤／『荒野の決闘』のすべらない話　猪股徳樹／「捕物帖」か「捕物帳」か　最上敏信／浅草夢譚　飯田一雄／江原真二郎追悼　五野上力

●映画論叢バックナンバーのうち、No.3〜No.18まで（各号840円。送料樹花舎負担）のご注文は樹花舎へ。メールあるいはファクスでご注文ください。ファクス：03-6315-7084　メール：kinohana@nifty.com
No.19以降は国書刊行会へ。一部1000円＋税。

デジタル過渡期の映画上映㉟

新しい戦後

長谷川康志

　前号は「ゆきゆきて『花の進軍』」を掲載し、本連載はお休みを頂いた。今回は23年6月から24年1月までの出来事をまとめてゆくが、せっかく前号で占領下の映画状況を扱ったので、最初に新作『ゴジラ-1・0』（23年11月3日公開）を通して戦後レジーム継続の様態を確認しておきたい。今年1月時点で国内よりむしろ北米での興行成績がよい本作は、1月23日、邦画で初めて米アカデミー賞視覚効果賞のノミネートを受けた。『ALWAYS 三丁目の夕日』『永遠の0』『アルキメデスの大戦』、また西武園ゆうえんちのアトラクション『ゴジラ・ザ・ライド 大怪獣頂上決戦』（21年5月〜・VFX-JAPANアワード2023 ショートフィルム部門最優秀賞）とVFX技術を進歩させてきた山崎貴監督の集大成と言える。前作『シン・ゴジラ』と同じく、今回もゴジラはフルCGであるが、23年12月16日にゴジラのスーツアクター・薩摩剣八郎が死去したのは象徴的だった。

　本作は初めて「現代（又はそのパラレルワールド）」を舞台とせず、45年の終戦間際から47年までを背景にしており、零戦の故障を騙り特攻を逃れた男・敷島が主役である。GHQがソ連との関係を理由にゴジラ討伐を拒否したため、元海軍を中心に民間人が作戦を立案・実行。最後は敷島が震電でゴジラの口に突入し撃滅。彼は直前にパラシュートで脱出していたというのが大筋である。

　さて、前号の内容を別の言葉で繰り返すなら、GHQは敗戦国日本のメディアや国民に対し、ウォー・ギルト・インフォメーションのもと大東亜戦争を太平洋戦争と呼び換え、「日本その他敵国体制の破壊」「日本の非武装化と再軍備の阻止」を目的として徹底した検閲と再教育を行なったということになるが、この『-1・0』は終戦後の実相を描くことよりも、占領下のGHQの指導に忠実たらんとしているように見える。なぜ、逃げ出したことへの自責の念からゴジラへの「特攻」を決意した敷島が、脱出して生き延びる必要があるのだろうか。彼は戦前に生まれ、戦争を生きたのである。だが「死ぬことと見つけたり」は許されない。45年11月19日にCIEが発出した日本映画への禁止令13項目のうち、7「封建的忠誠心や生命の軽視を好ましきこと、又は名誉あることとしたもの」と8「直接間接を問わず自殺を是認したもの」を思い出されたい。「一人の生命は全地球より重い」というわけだ。進駐軍がほとんど画面に登場しないのも占領下の映画と変わらないが、働く女性像は「五大改革指令」の女性開放そのままだし、戦災孤児を育てる姿は当時執拗に繰り返された主題である。今日なお日本人が占領期の抑圧を引き受け続けるのは、三島由紀夫『私の二十五年』の言葉を借りれば《戦後民主主義とそこから生じる偽善というおそるべきバチルス》がアメリカの占領と共に終わらず《日本人は自ら進んで、それを自分の体質とすることを選んだ》こと、その拡大再生産の結果に他ならない。生き残ったことを恥として自らの体験を語らなかった人々の声が戦争証言のアーカイブに残ることはない。中途半端な共感が溢れ返る今日、最も失われているのは語られなかった言葉への想像力ではあるまいか。

†

22年6月に一般社団法人日本映画制作適正化機構（島谷能成理事長）が発足した。同機構の役割は大きく二つあり、一つが23年4月1日よりスタートした作品認定制度である。「週に一度の撮休、2週に一度の完全休養日」「1日の作業・撮影は最大13時間以内（超過した場合は10時間以上のインターバルの確保）」「1日6時間以上の作業・撮影では30分以上の休憩・食事」「ハラスメントのない安心安全な撮影現場」などの基準で審査し、映適マークを付与する。審査料は製作費5千万円以下で10万円、1億円以下で20万円、1億円超で25万円と高予算に優しく設定。もう一つの役割はスタッフセンターで、プロダクションとの受注・契約書のやりとりや契約条件の取り決めが一括ででき、ハラスメント相談窓口の紹介も行う。センターを通して受注した仕事はギャラの額面1％を映適会員費として納め（プロダクションが代理徴収）、それは《制作現場をより良くするために活用》される。業界の自主的・自律的な取り組みを強調しているが、CIEが45年9月22日に行った映画製作者への指導のうち「労働組合の平和的かつ建設的な結成の奨励」「個人的人権の尊重の促進」「あらゆる人種、階級、信条に対する寛容さの促進」が想起される。

昨年5月19日～21日のG7広島サミット開催にあわせ、国内では5月8日のコロナ5類引き下げと、5月18日のLGBT理解増進法案の提出がなされたが、後者はエマニュエル駐日米国大使らの外圧があからさまだった。慰霊碑の「安らかに眠って下さい 過ちは繰り返しませぬから」の主語が明確にされることもないままサミットは終了。法案は6月16日に国会で成立した。

米国は33年から53年まで民主党政権であったが、コロナ禍をある種の戦時と仮定すれば、現在の日本はコンプライアンス強化からインボイス制度導入まで、戦後占領政策のアップデート期にあるといえる。そして現在を「新しい戦後」と捉え、50年1月12日のアチソン演説を鑑みるならば、台湾有事より朝鮮半島や尖閣での有事のほうがよほど現実的だと言わねばなるまい。

†

ここから米国に目を転じよう。5月2日に全米脚本家組合（WGA）は、大手スタジオが属する映画テレビ製作者協会（AMPTP）に対し、ストリーミングの増加に伴う公正な報酬と労働条件、またAIが脚本家の業務を侵害しないことを求め、ストライキを開始した。5月4日にはバイデン大統領やハリス副大統領らがグーグル、オープンAI、マイクロソフト、アンソロピックのＣＥＯとホワイトハウスで会合を持った。7月14日には、これまた賃上げとＡＩを争点に戦う全米映画俳優組合（ＳＡＧ‐ＡＦＴＲＡ）がＡＭＰＴＰとの交渉に決裂しストに突入。ＷＧＡとの共闘は63年ぶり。トム・クルーズや『バービー』出演者の来日中止もストの影響である。21年9月からＳＡＧ‐ＡＦＴＲＡ会長の女優フラン・ドレシャーは、08年にヒラリーの後釜で上院議員の座を狙ったこともある人物。9月27日、ＷＧＡはＡＭＰＴＰとの暫定合意に達し、ストを終える。10月30日、バイデンはＡＩの安全性とセキュリティに関する大統領令に署名。そして11月8日、ＳＡＧ‐ＡＦＴＲＡがＡＭＰＴＰとの暫定合意に達し、ハリウッド史上最長１１８日間のストが終了した。それにしても賃上げやＡＩによる脚本の是非はともかく、スキャンした俳優の肖像権はＣＧが登場した20世紀末からの問題で、それを動かすのがアニメーターでもＡＩでも俳優には無関係なはず。なぜこんな大騒ぎをしたのか。カラクリは簡単だ。22年11月30日にオープンＡＩが「チャットＧＰＴ」を公開した時点で半導体を含むＡＩ関連株は底を打っていた。生成ＡＩの普及が急速だった上、ハリウッドを挙げて「大宣伝」を行った結果、ＡＩ関連株は急騰。エヌビディアなどは1年で4倍以上に。バイデン政権は好況をアピールするが、ＡＩ関連株の高騰がなければＳ＆Ｐ５００種はマイナスだったとの分析もある。つまりドレシャーがスタジオ幹部はウォール街しか見ていないと批判し労働者＝俳優を扇動してストが長期化するほど、ウォール街は利益をあげ政権を助けたのだった。組合を利用するお馴染みの民主党シナリオで先が読めてしまう。次はＡＩに書かせては如何？

一方、大手スタジオ側はどうか。ディズニーは創立１００周年記念作『ウィッシュ』が振るわず、ディズニープラスの会員数も22年第4四半期から１年間で１４００万人減少。さらに24年元旦からは28年の発表作『蒸気船ウィリー』などの著作権が失効し、パブリック・ドメインに。巷ではミッキーのホラー二次創作が話題を呼んでいる。

また12月19日、ワーナー・ブラザース・ディスカバリーとパラマウント・グローバルのＣＥＯがＮＹで会談し合併の可能性について協議。配信以外の放送事業も不振で、両社とも多額の債務を抱えており、合併しても債務が増えるだけと周囲の反応は冷ややかだ。

1月22日には、2年続いたソニーグループとインドのジー・エンターテインメント・エンタープライゼズの合併交渉が正式にご破算となった。ジーＣＥＯを新会社のトップに据えるかが争点となったが、結果的に米メディアを退けたインドは懸命といえそうだ。

†

次は映画のフィルム撮影について。23年12月22日よりヒューマントラストシネマ有楽町ほかで特集「Ａ24の知られざる映画たち」が4週間開催された。上映作11本のうち『オール・ダート・ロード・テイスト・オブ・ソルト』『ゴッズ・

クリーチャー』が35ミリ、『エターナル・ドーター』『アース・ママ』『ファニー・ページ』が16ミリ撮影だった。アカデミー賞関連では『キラーズ・オブ・ザ・フラワームーン』『マエストロ その音楽と愛と』『哀れなるものたち』『パスト・ライブス／再会』『オッペンハイマー』（一部65ミリ）が35ミリ撮影。また23年公開作では『トゥ・レスリー』『アステロイド・シティ』『エリザベート1878』『アフターサン』『それでも私は生きていく』『枯れ葉』が35ミリ、『レッド・ロケット』『渇水』は16ミリ、『栗の森のものがたり』は35ミリとスーパー16で撮影されている。

本項の最後にシネアスト・オーガニゼーション大阪主催の16ミリフィルム撮影ワークショップ「シネマ・スコラ」を紹介したい。22年から白黒・1分ワンカットで大阪の橋を背景に撮影実習しており、23年も「第4回シネマ・スコラ 大阪の橋 Vol.2」を前期・後期で開催。受講料はフィルム&現像代込で2万2千円、カメラはベル&ハウエル社フィルモ70-DRを使用。

†

続いて映画館の閉・開館について。名古屋シネマテーク（82年設立・1スクリーン・40席）は23年7月28日で閉館。5月14日、倉本徹代表理事はHPに《20年3月には、危険水域に達して》おり、ミニシアターエイドや行政の支援策等で延命。22年に《政府・行政の支援が打ち切られ》《現在、週18万円前後の赤字》とやめ時を記した。

巖本金属運営の京都みなみ会館（19年8月移転再開・3スクリーン）は9月30日《厳しい経営状況が続き収益の見込みも立たないことから》閉館。

KADOKAWAのEJアニメシアター新宿は8月24日《将来にわたる収益確保は困難》と閉館。前身は角川シネマ新宿で18年に4階をアニメ専門館、5階をカフェ／ギャラリーに。

吉祥寺プラザ（78年開業・1スクリーン）は《館内設備老朽化による大規模改修に充当する収益の確保を見込めず》24年1月31日をもって閉館。

中洲大洋映画劇場（4スクリーン）は老朽化に伴い、3月末で取り壊し。

23年6月16日、渋谷TOEI跡にル・シネマ渋谷宮下が開館。7階（268席）と9階（187席）の2スクリーンで、7階は4Kと35ミリ上映に対応している。こけら落とし「マギー・チャン レトロスペクティヴ」（7月13日まで）では『ラブソング』『クリーン』が35ミリで上映された。

11月2日、高知県帯屋町に「キネマ・ミュージアム」が開館。1スクリーン・64席。『0・5ミリ』の縁で高知に移住した安藤桃子監督が代表。

11月16日、先のEJアニメシアター新宿跡にkino cinéma 新宿が開業。2スクリーン。キノの23区内初出店。

11月30日、TOHOシネマズすすきの開業。10スクリーン、1732席。

12月20日、22年8月10日に火災で消失した小倉昭和館が再開。1スクリーン・134席。35ミリ映写機あり。

なお、23年にはシネ・ヌーヴォ、第七芸術劇場、シネマ尾道、浜松・シネマイーラ、横浜・シネマジャック&ベティ等がクラウドファンディング（CF）を実施。目的は様々だが、観客数がコロナ前に戻らないうえ、諸経費の高騰や建物の老朽化、そしてデジタル映写機の交換が取り沙汰されている。

9月22日・23日に高崎で開催された全国コミュニティシネマ会議２０２３では、事前に実施した「映画館の経営状況と今後についてのアンケート」の結果が公表され、回答のあった77館のうち9館が1年以内の閉館の可能性に「はい」と答えている。厳しい状況ではあるが、デジタル映写機は約10年で交換が必要だと導入時に誰もが理解していた筈であり、この間で交換費用を蓄えられなかったのは経営能力の欠如であって、国の文化助成とは何ら関係がない点は再認識しておきたい。

†

ここからはフィルム上映について。

9月19日、早稲田大学小野記念講堂で稲門シナリオ研究会初期作品上映会「黎明期の学生映画」を開催。講堂の最後列に映写機を設置し、『九十九里』『彦市ばなし』を16ミリ上映。入場無料、予約不要。前者の題名は映倫（55年5月31日審査・E-１２４２）では『九十九里 １９５３』である。

WB１００周年記念上映「35ミリで蘇るワーナーフィルムコレクション」は9月29日〜11月2日にル・シネマ渋谷宮下にて開催。15作品を35ミリ上映した。シニア・一般１５００円。

9月30日〜10月8日に開催されたイメージフォーラム・フェスティバル２０２３は、実験映画のデジタル上映が増えるなか、フィルムでの上映も継続している。とりわけ、米映画芸術科学アカデミーが修復した作品11本（計87分）の16ミリ上映は特筆に値する。また、奥山順市特集では上映3番組とFeb gallery Tokyoでのインスタレーション展示が行われた。残念ながら10月4日の上映では16ミリ映写機のトラブルで中断を繰り返し、16ミリの7作品は1本も上映できなかった。結局35ミリ『我が映画旋律』と、手回し映写機によるライブ・パフォーマンス『私家版・歩く人』『5㎜フィルム（２０２３年度復刻版）』のみ実施。しかも『5㎜フィルム』では手回しのクランクが折れる事態に。奥山氏曰く「お粗末様というか大成功というか」「生まれたものはいつか死ぬ」。帰りに招待券を配布する対応となった。観客が帰った後、映写機は普通に作動した由。

他にも都内名画座はじめ、ユーロスペース、アテネ・フランセ文化センター、東京都写真美術館ホール、横浜シネマリン等では特集に応じてフィルム上映が続いている。また都立多摩図書館での所蔵16ミリフィルム定例映画会や阿佐ヶ谷アルシェ「世界16㎜フィルム映画祭」も断続的に行われている。

†

続けて映画祭の状況を紹介する。

第36回東京国際映画祭は10月23日〜11月1日に日比谷・銀座エリアで開催。動員数7万4841人、上映作品219本、海外ゲスト約2千人（昨年は5万9541人／174本／104人）とコロナ明けを示した。

第24回東京フィルメックスはついに東京国際との同時期を諦め、11月19日〜26日に有楽町朝日ホール等で開催。

10月には2023東京・中国映画週間やペルー映画祭、11月にはフィンランド映画祭2023やポーランド映画祭2023等が例年通り開催された。

大使館主催の新しい試みでは24年1月25日〜28日に丸の内TOEI②でトルコ・日本外交関係樹立百周年「トルコ映画週間」があった。毎夕1本上映で無料。邦題はなく英語字幕のみ。

†

ここからは映画関連の展示を見ておきたい。なお小津関係は割愛する。

23年5月12日〜6月10日にはインスティトゥト・セルバンテス東京にて「展覧会：娯楽映画の黄金時代・宣材に見る日欧映画交流」。入場無料。

7月15日〜10月29日、出身の松本市美術館で「映画監督 山崎貴の世界」。

7月29日〜10月15日、帝京大学総合博物館で企画展「『日本アニメーションの父』政岡憲三とアニメーションの現在」。入場無料。

9月9日〜11月19日、アーティゾン美術館で「創造の現場 映画と写真による芸術家の記録」。当日窓口一般1500円、図録2310円。ブリヂストン美術館が53年〜64年に製作した「美術映画シリーズ」16作品の展示上映。

10月7日〜11月5日、日比谷シャンテ3階特設スペースで「小林一三 生誕150年展—東京で大活躍‐」。無料。39〜40年の宝塚ニュース等の上映も。

11月25日〜24年3月17日、山口情報芸術センターにて「Afternote 山口市映画館の歴史」。入場無料。

24年1月13日〜3月24日に渋谷区郷土博物館・文学館「渋谷にあった映画館—昭和30年代まで—」。一般100円。

†

最後に国立映画アーカイブ（NFAJ）の近況を。長瀬記念ホールOZUが改修工事を終え、上映企画「逝ける映画人を偲んで」初日の23年7月4日より再開。2階ロビーに長瀬徳太郎の胸像が設置され、またウォータークーラーが使用できるようになった。

次に『わが映画人生』CFのその後について。23年3月上旬にDVD3枚セットが作成され、196施設に寄贈され、順次館内視聴が可能となり、12月28日には全所蔵館リストが公表された。ただしDVDにはアンケート「この一篇はぜひ見てみたい！」（22年4月15日開始）の上位7本しか収録されていない。磁気テープをデジタル化した約110本のごく一部だ。NFAJでは特集に合わせて他の監督の『わが映画人生』も上映してはいるものの、資料的活用を考えるならNFAJ内に視聴ブースを設けるとか、特定の図書館等に全作品のDVDを寄贈するなどして、すべて試聴できるようご検討いただきたい。また同シリーズは現在も制作が続いている。CFの対象外だったデジタルボーンの近作が今後死蔵されないよう対策が講じられることも願ってやまない。

（はせがわ・こうし）

永田哲朗　1931年生まれ。チャンバリスト。「殺陣」は時代劇愛好家必携の一冊。他に「日本劇映画総目録」(監修)「右翼・民族派組織総覧」(国書刊行会) など。新刊に「血湧き肉躍る任侠映画」(国書刊行会)。

二階堂卓也　1947年生まれ。映画評論家。著書に「マカロニ・アクション大全」「剣とサンダルの挽歌」「新東宝・大蔵　怪奇とエロスの映画史」「洋ピン映画史　過剰なる「欲望」のむきだし」等。

沼崎肇　1956年生まれ。ガキの時分ＴＶで見た『怪人カリガリ博士』(62) 以来、グリニス・ジョンズのファン。同時代人じゃないから、殆どはＴＶ、ビデオで接するしかなかったけど。

長谷川康志　1978年横浜生まれ。双子座・AB型。酒豆忌（中川信夫監督を偲ぶ集い）実行委員。座右の銘「人間 いちばん あかん」(中川信夫)

東舎利樹　1966年生まれ。公開40周年を記念しリバイバル公開された「竜二(83)」や「チ・ン・ピ・ラ(84)」「押繪と旅する男(94)」などの川島透(1949－)監督も若いころピンク映画の助監督をした経験があるようだが、参加した作品名などの情報求む。

冬樹薫　1932年東京生まれ。シリーズ「小林喜三郎と山川吉太郎」が終わって、一息ついてます。

最上敏信　1948年東京生まれ。その昔「チャンバリストクラブ」があった。世話人の綱島吉郎氏が亡くなり解散！九人が彼の部屋に招かれ遺された数十台の録画機器、数万枚に及ぶ録画ディスク、数千冊の映画蔵書に愕然呆然！

湯浅篤志　1958年生まれ。今年1月には、ヒラヤマ探偵文庫から〈大正時代の不思議小説パンフレット〉で佐川春風『奇怪な銃弾』を発行しました。また違う出版社ですが、夏頃までには三上於菟吉『銀座事件』について書く予定です。

『映画論叢 66号』の予告

新連載・戦後東映のアルチザン　仲沢半次郎カメラマン　梶間俊一
シネラマの興亡・補遺　『スペインの休日』の日本上映　内山一樹
「青春の甘き香り」　知られざる鈴木瑞穂―追悼として―　千葉豹一郎
BLMを蹴っ飛ばせ　ノーマン・ジュイスン追悼　瀬戸川宗太
旅行映画とは何か　バートン・ホームズの幻景　藤元直樹
●好評連載　浦崎浩實、最上敏信、猪股徳樹、重政隆文、東舎利樹

執筆者紹介（五十音順）

飯田一雄　1936年生まれ。芸界の大先輩であれ小先輩であれ、ふと思い出すことが多くなりました。会って話し合うと、きっと悲しみを含んだ「哀」が澱のように残ります。過去はみんないいけれど。

浦崎浩實　1944年、旧日本の台北市生まれ、を誇りにしおり。敗戦さえなくば、侯孝賢になりえてた？

片山陽一　1974年生まれ。電車で三島の『黒蜥蜴』を読み直していたら泣いてしまいました。

五野上力　1935年生まれ。俳優。劇団手織座、松竹演技研究生を経て61年東映東京入社。64年専属契約。初期は本名の斎藤力で出演。多くのアクション映画に助演した。

重政隆文　1952年大阪生まれ、大阪在住。映画館主義者。ウディ・アレンの『サン・セバスチャンへ、ようこそ』をほとんどが老人観客の客席で見た。ふと「他人のフンドシで相撲をとる」という言葉が浮かんだ。

鈴木義昭　1957年生まれ。遅れましたが「ピンク映画史発掘・桃色仕掛けのフィルム」（仮題／筑摩書房）脱稿。5月刊行予定。関連上映は神戸映画資料館ＨＰ他をご覧ください。梶間俊一『おかしな刑事』ついに大団円！ご苦労様でした！

ダーティ工藤　1954年生まれ。1月末に10年ぶりの長編映画『にっぽりにっき』の公開を終えほっと一息。アキ・カウリスマキやウディ・アレンのようにコンスタントに映画を撮って行こう。ブログ"新映画原理主義"を毎月UPしております。

谷川景一郎　1981年大阪生まれ。2024年は鶴田浩二生誕100年。人情と色気に満ちた男の魅力を語り尽くしたいものです。「孤独と苦悩に耐え得る者　それを男と称えます」――鶴田浩二

戸崎英一　1968年生まれ。今回の原稿を書き始めたのは随分前filmportal.deの写真のキャプションが間違っていたので連絡したら、DIFから返事があり訂正してもらえた。此所、日本の国立アーカイブの復元特集へ通うが、作品解説の間違いを指摘しても直してもらえない。「グランド・ツアー」の中にホームムービーはないでしょう。

永井啓二郎　1961年生まれ。リチャード・ラウンドツリーは結句『黒いジャガー』（72）を超えるものは作れなかった。ジョシュ・アクランドは『ロンドン大捜査線』（71・再評価望む）のころは佐藤京一くらいの存在だったが、90年代には大物役に出世。人生、下駄履くまで分らない。

◆編輯後記にかえて

本誌2号（2001年9月）からの連載「小林喜三郎と山川吉太郎」、そして40号（2015年11月）からの連載「一寸の虫」が完結した。執筆者・冬樹薫さん、五野上力さん、長々とお疲れ様でした。編輯長のワガママで、度々イレギュラーな原稿をお願いしたのが、完結を長引かせた最大要因です。全く以て申し訳ない！

オタール・イオセリアーニ死去。本誌創刊号(2001年3月)のコラムで予言されたとおり、昔からパリにゴロゴロしてた〝根無し草文化人〟の典型として終わった。祖国を主題にした長尺ドキュメントでさえ〝フランス人の作物〟としか…哀しい。

丹野達弥

映画論叢（えいがろんそう）65

2024年3月15日初版第1刷発行
定価［本体1,200円＋税］

編輯　丹野達弥（たんのたつや）
発行　㈱国書刊行会
〒174-0056 東京都板橋区志村1-13-15
Tel.03(5970)7421　Fax.03(5970)7427
https://www.kokusho.co.jp
装幀　国書刊行会デザイン室＋小笠原史子（株式会社シーフォース）
印刷・製本　㈱エーヴィスシステムズ

ISBN　978-4-336-07632-8 C0374